テキスト
生涯学習
学びがつむぐ新しい社会

田中雅文・坂口　緑・柴田彩千子・宮地孝宜　［著］

学文社

執筆者紹介

田中　雅文	日本女子大学（名誉教授）	［第 1, 3 章］
坂口　　緑	明治学院大学	［第 2, 8 章］
柴田彩千子	東京学芸大学	［第 4, 7 章］
宮地　孝宜	東京家政大学	［第 5, 6 章］

執筆順

はじめに

　本書は，生涯学習について基礎から学ぶ人のために書かれたテキストです。大学の授業や社会教育関係の講習・研修で活用されることを前提にしています。

　今日，私たちをとりまく社会は，めまぐるしく変化しています。そうした変化に対応してよりよい生活を送るために，私たちはつねに新しい知識や情報を吸収することが求められています。また，学校を卒業してからでも，カルチャーセンター，公民館，大学公開講座など，学ぶ場はいくらでもあります。私たちにとって，学ぶことは必要であるとともに権利であり，自分の選択によって自由に学習生活を創造することができるのです。

　幼少期・青少年期の家庭教育や学校教育での学びも，生涯学習の基礎を培うために大切なことです。まさに私たちは，生涯にわたってさまざまな学習を行い，それを通して自分の人生を組み立てています。

　この本を手にしているあなたも，生まれてから今まで，さまざまなことを学んできたと思います。しかも，その学びのストーリーは，ほかの誰とも同じではないはずです。「あなただけの生涯学習のストーリー」なのです。

　そのようなことをイメージしながら，本書を読んでいただきたいと思います。そうすれば，生涯学習に関する知識を吸収するだけでなく，自分自身の「学習人生」に思いをめぐらすこともできるでしょう。

　本書は，大きく分けて三本の柱のもとに組み立てられています。

　1本目の柱では，生涯学習に関する基本的な知識をまとめています。具体的には，生涯学習の考え方や国内外の議論・政策（第1章），生涯学習の理念と理論（第2章），生涯学習の内容と方法（第3章）です。

　2本目の柱では，学校教育（第4章）と社会教育（第5〜6章）という教育の二大領域を取り上げ，生涯学習との関係を説明しています。とくに第6章では，

近年注目されているネットワークや連携体制の点から社会教育をとらえています。

最後の柱では，生涯学習と社会との関係に着目し，その最前線で沸き起こっている諸問題を考察しています。第7章ではまちづくりというローカルな視点，第8章では国際社会を含むグローバルな視点から論じています。そこには，人々の生涯学習がローカル，グローバルの両面からゆたかな社会を築く原動力になってほしい，という願いが込められています。本書の副題「学びがつむぐ新しい社会」は，このような願いを表現したものなのです。

ところで本書では，みなさんの効果的な学習を助けるために，本文以外にさまざまな情報提供のしくみを用意しています。第1に，コラムを設け，特徴的な事例やプロジェクトをわかりやすく説明しました。ぜひ，興味をもって味わってください。第2に，各章の最後には，発展的な学習のために参考文献を載せました。これらの文献にも挑戦してください。第3に，巻末にはキーワードの索引を設けるとともに，生涯学習に関する主な法律を全文掲載しました。これらを活用することで，学習がさらに深められると思います。

以上の特徴を生かし，本書が生涯学習を基礎から学ぶ人たちに親しまれ，効果的に活用されることを期待しています。

なお，この新訂2版では，最新時点のデータ，法制度，社会状況をふまえて本文の内容を大幅に刷新し，コラムの項目と内容も一部改訂しました。

最後になりましたが，本書の刊行にあたっては，学文社の二村和樹さんに大変お世話になりました。とくに，親しみやすいテキストとするために，書名や全体の構成についてのご意見・ご助言もいただきました。この場を借りてお礼申し上げます。

執筆者を代表して

田中　雅文

目　次

第1章　生涯学習とは何か

第1節　「生涯にわたる学習」としての生涯学習

（1）　はじめに

　生涯学習という言葉を聞いて，どのような学習を思いうかべるだろうか。カルチャーセンターでの学習，高齢者が生きがいのために学ぶこと，大学の生涯学習センターで公開講座を受けること……。どれも生涯学習と表現されることが多いものである。実は，用語「生涯学習」はさまざまな局面で使われており，使う人の立場によって異なる場合が多い。

　参考までに法律や答申での用法をみると，次のとおりである（表1-1, 2参照）。2006（平成18）年に改正された教育基本法では，「自己の人格を磨き，豊かな人生を送ることができるよう」，生涯にわたって学習を行うことが生涯学習だとされている。文部省（現文部科学省）がはじめて生涯学習の定義を行ったのは，1981（昭和56）年の中央教育審議会の答申においてである。そこでは，「各人が自発的意思に基づいて…自ら選んで，生涯を通じて行う」のが生涯学習，そのために「自ら学習する意欲と能力を養い，…総合的に整備・充実しようとする」のが生涯教育の考え方だとしている。

　このように，法律と答申では豊かな人生や自発性といった目標がポイントになっており，いわば生涯学習の「理念」が提示されているといってよい。しかし，そうした目標や理念にかかわらず，人々はその生涯にわたってさまざまな学習を経験するものである。そこで，本書では，文字通り「人がその生涯にわたって学ぶこと」を生涯学習と定義し，これをめぐる現実や課題をさまざまな側面から考えていくことにする。

表 1-1　生涯学習の理念

（生涯学習の理念）
第3条　国民一人一人が，自己の人格を磨き，豊かな人生を送ることができるよう，その生涯にわたって，あらゆる機会に，あらゆる場所において学習することができ，その成果を適切に生かすことのできる社会の実現が図られなければならない。

（出所）　教育基本法（2006年12月22日法律第120号）

表 1-2　生涯学習と生涯教育の関係

　今日，変化の激しい社会にあって，人々は，自己の充実・啓発や生活の向上のため，適切かつ豊かな学習の機会を求めている。これらの学習は，各人が自発的意思に基づいて行うことを基本とするものであり，必要に応じ，自己に適した手段・方法は，これを自ら選んで，生涯を通じて行うものである。その意味では，これを生涯学習と呼ぶのがふさわしい。
　この生涯学習のために，自ら学習する意欲と能力を養い，社会の様々な教育機能を相互の関連性を考慮しつつ総合的に整備・充実しようとするのが生涯教育の考え方である。言い換えれば，生涯教育とは，国民の一人一人が充実した人生を送ることを目指して生涯にわたって行う学習を助けるために，教育制度全体がその上に打ち立てられるべき基本的な理念である。

（出所）　中央教育審議会「生涯教育について（答申）」1981年

（2）　生涯学習の全体イメージ

①　生涯にわたる学習の機会

　年齢を縦軸（時間軸），教育の各領域を横軸（空間軸）にとることにより，生涯にわたる学習の機会を図1-1のように表現することができる。

　ここで社会教育とは，学校・家庭以外の場（社会）で提供される教育の総称である。つまり，公民館，社会通信教育，カルチャーセンター，企業内教育など，学校教育以外の組織的な教育活動をすべて含むものと位置づけている。学校・大学の付帯事業としての公開講座などは，学校教育制度の枠外で行われるため，社会教育に分類される。

　図中で網掛けした部分は，各年齢段階の中心的な役割と考えられる部分である。しかし，現実にはあらゆる年齢段階ですべての教育領域を利用することが可能であるため，白い部分は全年齢層に広がっている。なお，学校教育の範囲が3歳まで及んでいるのは，学校教育法により幼稚園が学校教育の制度に含まれることによる。家庭教育が成人期にも延びているのは，家族と暮らす以

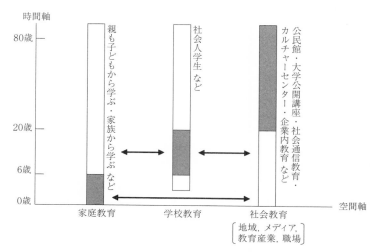

図 1-1　時間軸と空間軸からみた生涯学習の機会

上は家族間での教え合い（学び合い）がある，という考えによる。

　さらに，左右に向いた矢印は，異なる教育領域の間における協力関係を意味している。たとえば，学校教育と社会教育との間における協力関係は学社連携などと呼ばれる。学齢期における教育にとって，学校教育と家庭教育の協力関係は不可欠といわれる。家庭が孤立しがちな現代社会では，社会教育をとおした家庭教育の支援が必要だと指摘されており，これは家庭教育と社会教育の協力関係に相当する。

② 偶発的学習と独力的学習

　図 1-1 が説明できるのは，教育として行われるものをとおした学習である。人の生涯にわたる学習には，そのほかにも次のようなものが含まれる。

　一つは，生活や行動をとおして「意図しないままに（偶然に）」何かを学ぶというものである。これは「偶発的学習（無意図的学習）」と呼ばれる。たとえば，ボランティア活動，娯楽のためのテレビ視聴，子どもの仲間集団での遊び，コーヒーショップでの自由な会話など，さまざまな生活・行動のなかで偶然起こる気づきや学びがこれに該当する。

　いま一つは，意図的でありながらも，教育として仕組まれたものを利用しない学習である。たとえば，郷土の歴史を理解するために，昔から地元に住むお年寄りに個人的にインタビューをすることがそれにあたる。ここでは，このような学習を「独力的学習」[(1)]と呼ぶことにする。

　このように生涯学習とは，社会教育，学校教育，家庭教育や偶発的学習，独力的学習をとおし，生涯にわたって行われる（発生する）学習と理解することができる（図1-2）。

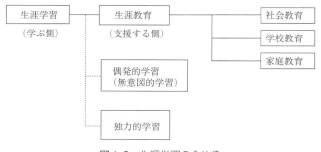

図1-2　生涯学習の全体像

（3）　教育の3類型

　生涯学習を支える多様な教育の形態を，フォーマル・エデュケイション（formal education），ノンフォーマル・エデュケイション（non-formal education），インフォーマル・エデュケイション（informal education）という三つの類型に分けることがある。

　フォーマル・エデュケイションとは，国家や地域・社会における教育制度の中心的な位置を占める教育をさす。日本の場合は，学校教育法に基づく教育，すなわち学校教育をフォーマル・エデュケイションと呼んでいる。

　ノンフォーマル・エデュケイションとは，フォーマル・エデュケイション以外の組織的・体系的な教育である。一定の目標と形式のもとに定められた学級，

講座，講演会，学習会，グループ学習，体験学習などは，すべてこれに該当する。図1-1の用語でいえば，公民館やカルチャーセンターでの講座，大学公開講座，社会通信教育はこれにあたる。

インフォーマル・エデュケイションとは，組織性や体系性の弱い教育をさす。親から子に対して行う教育や家族間での教え合い（学び合い）から構成される家庭教育は，その典型といえる。

第2節　国際社会における議論

（1）　ラングランの生涯教育論

教育制度としての生涯教育を早くから主張した代表的な人物は，18世紀フランスの啓蒙思想家であり，公教育の教育改革に尽力したコンドルセ（Condorcet, M.）である。彼は，学校教育終了後の継続的な教育が重要と考え，学校での公開講座や図書館の充実，市民の文化活動の奨励などによる，「成人のための生涯教育」を提案した。これらは実現しなかったものの，先駆的な提案として知られている。

その後も，ヨーロッパを中心に生涯教育や継続的な成人教育の必要性が議論されてきた。しかし，国際社会に生涯教育という言葉が広く浸透したのは，ユネスコ教育局の継続教育部長ポール・ラングラン（Lengrand, P.）が提唱してからである。彼は1965年，パリで開かれたユネスコの第3回成人教育推進国際委員会に，「生涯教育について」と題するワーキング・ペーパー（討論の材料とするためのレポート）を提出した。ワーキング・ペーパーのなかでラングランは次のように訴えた。「教育は，人間存在のあらゆる部門に行なわれるものであり，人格発展のあらゆる流れのあいだ——つまり人生——を通じて行なわれなくてはならない。こうして教育諸部門のあいだには活発にして，能動的な交流が行なわれるべきものである」[2]。

ラングランがこのように述べた生涯教育の課題を，今日の私たちに理解しやすい言葉で表現すれば次のようになる。第1に，人生の各段階にふさわしい教

育の場が提供される必要がある。しかも青少年期に受けた教育が大人になってからの学習の基礎となり，さらにそれを土台に高齢期の学習が発展するなど，人が自分自身の学習を生涯にわたって発展させていけるしくみが求められる。第2に，学校教育，家庭教育，社会教育といった教育諸部門が役割を分担するとともに，互いに協力しあうことが求められる。このうち前者の課題は「時間軸（垂直次元）での統合」，後者の課題は「空間軸（水平次元）での統合」と呼ばれる。このように，人生の二つの側面から学習機会を統合することが，生涯教育の基本的な条件だと述べたのである。前述の図1-1は，まさにこのことを示したものである。

　ラングランは同時に，個々人が生涯にわたって自らの可能性を十分に達成できる社会を望み，それにふさわしい教育のイメージをも生涯教育という言葉で次のように表現した[3]。まず，「人間の自然性癖と指導方法のくいちがい」の是正を生涯教育の目的とし，指導者優位ではなく個人の要求に合わせた教育こそが重要と訴える。教育方法については，知識の記憶よりも「学び方を学ぶこと」が大切である，同じ学習者として大人もまた子どもや青少年からいろいろ学ぶ必要があると主張する。さらに，学校教育の課題として，自発性を尊重する学校外教育の性格に合わせて学校教育の古い型の改革が必要であると指摘し，職業教育については，職業人として特定の知識や技能を学ぶよりも人間として十全に生きる可能性が与えられることが必要である，などと述べている。

　以上のように，ラングランは学習する側の主体性と自発性を尊重するとともに，学業成績や職業上の義務のためでなく，人間として豊かな人生を送るための学習が重要と考えた。時間軸・空間軸の側面から統合された教育こそが，そうした個々人の自己実現を支えるのだ，と訴えたのである。ラングランのワーキング・ペーパーは，まさしく世界規模の教育改革に向けた提案書であった。なお，ラングランの生涯教育論については，第2章で詳述する。

（2）　その後のユネスコにおける生涯教育論
　ユネスコは，その後も生涯教育に対して意欲的に取り組み，1972年にはユ

ネスコの教育開発国際委員会が『*Learning to be*（ラーニング・トゥ・ビー）』（訳書『未来の学習』第一法規，1975 年）をまとめた。この報告書は，委員長のエドガー・フォール（Faure, E.）の名前をとってフォール・レポートと呼ばれる。

　前述のラングランが強調していた自己実現の観点は，フォール報告書では「完全な人間（the complete man）」という言葉で表現されている。人間は自己の運命の潜在的な主人であるにもかかわらず，実際にはさまざまな環境要因のためにパーソナリティを分断され主人になりきれていない。生涯にわたる学習によってこうした分断を修復し，人間としての身体的・知的・情緒的・倫理的な統合を実現した「完全な人間」へと成熟することが期待されるというわけである。"Learning to be" という用語は，"Learning to have" に対比させた言葉である。つまり，学歴，地位，金銭的な財産などを「持つ（have）」ために学ぶのではなく，人間として存在し，自らの潜在的な可能性を顕在化させるという意味で，「完全な人間になる（be）」ために学ぶという考え方である。

　1985 年の第 4 回ユネスコ国際成人教育会議（パリ）では，「学習権宣言」が採択された。同宣言は，学習の権利はあらゆる人々に付与される基本的な人権であり，しかも人類の生存のために不可欠な道具だと述べている。そして，食物生産，健康，平和，相互理解などにとって学習がキーワードであり，学習権なくして人類の発達はありえないと主張している。

　1996 年にユネスコ 21 世紀教育国際委員会は『学習：秘められた宝』を刊行した。これは，委員長のジャック・ドロール（Delors, J.）の名前を冠して「ドロール・レポート」と呼ばれる。そこでは，学習の意味を「知ることを学ぶ」(learning to know)，「為すことを学ぶ」(learning to do)，「共に生きることを学ぶ」(learning to live together)，「人間として生きることを学ぶ」(learning to be) に集約している。とくに，多様性・多文化性の観点から，3 番目の柱として「共に生きる」を提案した点が注目される。

　続いて，1997 年の第 5 回ユネスコ国際成人教育会議（ハンブルグ）は「ハンブルグ宣言」をまとめ，人間中心の開発と参加型社会の形成を訴えた。それらを促す成人教育（成人学習）は権利以上のものだとし，「積極的な市民性の帰結

であると同時に社会生活への完全な参加の条件である。……成人学習はアイデンティティを形成し，人生に意味を与えることができる」と述べている。

　ブラジルのベレンで開催された第6回国際成人教育会議（2009年）では，「行動のためのベレン枠組」が採択された。同枠組では識字に特別な焦点をあて，成人の識字は生涯学習の基礎をなすものであり，人生，文化，経済，社会においてますます進化する諸課題と複雑性に対応する能力の向上にとって不可欠だとしている。そのうえで，政策，ガバナンス（統治），財政，参加・インクルージョン（包括）・公正，学習と教育の質といった側面から勧告を提示した。

（3）　そのほかの生涯教育論

　J.W. ボトキン他『限界なき学習―ローマクラブ第6レポート―』（ダイヤモンド社，1980年）は，社会の構造を変えることのできない「現状維持型学習」（maintenance learning）ではなく，未来予測に基づいて新しい構造を提案できるような「革新型学習」（innovative learning）を提案した。ローマクラブとは，科学者や経済学者などが結集した民間の国際組織で，地球規模の課題を分析して，人類の危機回避に向けた方策を数多く提言している。

　被抑圧層の立場からみた生涯教育論として代表的なのは，エットーレ・ジェルピ（Gelpi, E.）が著した『生涯教育―抑圧と解放の弁証法』（東京創元社，1983年）だろう。彼は，第三世界の人々や少数民族など抑圧された人々のためにこそ生涯教育が不可欠，という点を強調し，それらの人々による主体的な学習―自己決定学習（self-directed learning）―の必要性を提案した。

　成人教育の実践家として歴史に残る実績を残したのは，パウロ・フレイレ（Freire, P.）である。彼は南米で「被抑圧者の教育学」の確立をめざし，知識を貯めこむ従来型の「銀行型」教育に対し，「課題提起」教育としての識字教育を追究した。つまり，被抑圧層が自分のおかれている差別的な社会構造を十分に理解し（意識化），教師と生徒（成人学習者）が対等な立場で対話を重ねながら，差別構造の変革をめざす教育である。

第3節　日本での議論・政策

（1）　生涯学習政策の確立まで

　日本は，生涯教育（生涯学習）の実現に熱心な国の一つである。ラングランの提唱から数年後の 1971（昭和 46）年，文部省（現文部科学省）の社会教育審議会が「急激な社会構造の変化に対処する社会教育のあり方について（答申）」，中央教育審議会が「今後における学校教育の総合的な拡充整備のための基本的施策について（答申）」を提出し，早くも生涯教育の観点から学校教育や社会教育のあり方を見直している。それから 10 年後，中央教育審議会は生涯教育の課題に正面から取り組み，「生涯教育について」（1981 年）という答申をまとめ，前述のように「生涯学習」と「生涯教育」の違いを明記した（表 1-2 参照）。

　さらに，臨時教育審議会が 1985（昭和 60）〜 1987（昭和 62）年，第一次答申から第四次答申（最終答申）まで 4 回にわたって「教育改革に関する答申」を提出し，「学校教育中心の考え方を改め，生涯学習体系への移行を主軸とする教育体系の総合的再編成」を図るよう訴えた。これは「青少年段階における学校教育」が教育の中心だとの見方を改め，時間軸・空間軸の両面から学習機会を充実させるとともに統合しようという提言である。ここで，「生涯学習体系」とは，生涯学習に対する支援の体系という意味で用いられている。

　その後，日本では「生涯教育」より「生涯学習」という用語を使うことが多くなった。そして，国や地方自治体における生涯学習推進の取り組みが，急ピッチで進んだ。1988（昭和 63）年，文部省の社会教育局が改組されて生涯学習局（現生涯学習政策局）となり，地方自治体でも社会教育部（課）を生涯学習部（課）に改組する動きが強まった。1990（平成 2）年には「生涯学習の振興のための施策の推進体制等の整備に関する法律」（通称「生涯学習振興法」）が成立し，同法の規程に沿って国や都道府県に生涯学習審議会が設置された（現在，国では中央教育審議会生涯学習分科会となった）。

(2)　生涯学習政策の展開

　つぎに，生涯学習審議会の答申などを中心に，これまで提起されてきた生涯学習政策の重点テーマを整理する。

①　個人の自己実現と自立

　日本は，ユネスコによる生涯教育の提唱にいち早く賛同し，熱心にその実現に取り組もうとした国の一つである。とくに，個人の自発性と自己実現という理念を重視した点は，日本の生涯教育（生涯学習）政策の大きな特徴となっている。ただし，楽しく学ぶという意味での「生涯楽習」，生涯を生きがいと読みかえた「生きがい学習」といった言葉も生まれ，生涯学習を個人の楽しみや生きがいの促進という側面からとらえる傾向も広がった。

　いっぽう，家族や地域の絆の希薄化や経済環境の悪化などの進行に伴い，個人の社会的・職業的自立の支援にも力点がおかれてきた。2008（平成20）年に中央教育審議会が提出した「新しい時代を切り拓く生涯学習の振興方策について～知の循環型社会の構築を目指して～（答申）」においても，この点が強調されている。具体的には，各個人が「自立した一人の人間として力強く生きていくための総合的な力」を身につけるための生涯学習が必要と述べている。その一環として「再チャレンジ支援」があり，退職後の高齢者，子育て終了後の女性，フリーター・ニート等の若者など支援施策などが展開されてきた。

②　学習の社会的有用性

　個人の自己実現や自立を奨励する一方で，「社会の役に立つ」学習を促す政策も進められてきた。その初期の芽は，生涯学習審議会の初めての答申「今後の社会の動向に対応した生涯学習の振興方策について」（1992年）のなかでうたわれた，「現代的課題の学習」と「学習成果を生かすためのボランティア活動」にみることができる。

　現代的課題の学習とは，人権，家庭・家族，まちづくり，環境，エネルギー，人口，国際貢献・開発援助，男女共同参画型社会，高齢化社会など，現代におけるさまざまな課題の学習である。

　ボランティア活動については，1999（平成11）年にも生涯学習審議会が「学

習の成果を幅広く生かす－生涯学習の成果を生かすための方策について－（答申）」のなかで強調し，学習成果を「ボランティア活動」および「地域社会の発展」に生かすことを提言している。

　もちろん，学習成果はボランティア活動や地域社会の発展に寄与するだけでなく，職業生活でも適切に評価・活用されることが重要である。そのため2006（平成 18）年に改正された教育基本法では「（学習の）成果を適切に生かすことのできる社会の実現」の必要性を述べている。さらに，学習とそれを活かした活動が循環的に発展することが重要という観点から，中央教育審議会では「知の循環型社会」（2008（平成 20）年答申），「学びと活動の循環」（2018（平成 30）年答申）という考え方を打ち出している。

③ 青少年の成長に対する支援

　次代を担う青少年の育成という側面に焦点化すると，①と②で述べた視点は次のようなかたちで強調されてきた。

　まず個人の自立については，「生きる力」やキャリア教育という用語のもとに，社会的・職業的自立を促すための方策が検討されてきた。すでに述べたフリーター・ニート等の若者の支援もその一環である。多様な体験が自立の基礎を培うという観点から，体験活動も奨励されてきた。たとえば，生涯学習審議会「生活体験・自然体験が日本の子どもの心をはぐくむ──『青少年の [生きる力] をはぐくむ地域社会の環境の充実方策について（答申）』」（1999 年）では，地域における子どもの体験機会や遊び場の拡充，活動を支援するリーダーの育成，地域社会における有害環境の改善，過度の学習塾通いの是正，家庭教育の支援と親の悩み相談 24 時間体制などを提言している。

　社会的有用性については，奉仕活動を奨励するための提言が出されてきた。具体的には，2000（平成 12）年に教育改革国民会議が提出した「教育を変える17 の提案」を受けて，学校教育法に「小学校での社会奉仕体験活動の充実」（第18 条の二），社会教育法に「青少年に対する社会奉仕体験活動の機会の提供」（第 5 条）が付加され，青少年の奉仕活動が奨励されることとなった。

④ 総合的な学習支援の体制整備

　生涯学習審議会が1996（平成8）年に提出した「地域における生涯学習機会の充実方策について（答申）」では，学校開放から社会教育施設の刷新までさまざまな内容が提言されている。高等教育機関については社会人の受け入れ，地域社会への貢献，小・中・高等学校については地域社会の教育力の活用，地域社会への貢献，社会教育・文化・スポーツ施設については多様化・高度化する学習ニーズへの対応，組織運営の活性化，研究・研修施設については多様な学習機会の提供，地域社会との連携などとなっている。

　このように学習機会を総合的に整備するなかで，とくに生涯学習行政に期待される役割は，各種の事業を自ら提供するばかりでなく，多様な事業主体が提供する学習機会のコーディネーターとなることである。この点は，各種の審議会で繰り返し提言・推奨され，1998（平成10）年の生涯学習審議会「社会の変化に対応した今後の社会教育行政の在り方について（答申）」は，「ネットワーク型行政」という用語でとくに強調した（詳細は第6章第1節参照）。

⑤ 学校・家庭・地域の連携

　家庭や地域の教育力の低下，学校教育に対する地域からの支援の必要性などを背景に，学校・家庭・地域の連携についても生涯学習政策の重要な課題として位置づけられるようになった。具体的な施策として，コミュニティ・スクール，地域学校協働活動などがある（詳細は第4章第4節参照）。

　高等教育段階においては，大学の地域貢献や実践的な学生教育の観点から地域・社会との連携が強調されてきた。地域に対する教育・研究機能の開放，地域づくりに対する大学等と地域との連携，地域を題材にした授業の展開，学生教育の一環としてのインターンシップやボランティア活動の奨励などがある。

第4節　生涯学習をめぐる今後の課題

　最後に，生涯学習をめぐる今後の政策課題や社会全体の課題として，次の諸点を指摘することができる。

（1）　豊かな社会に向けた学習

　現代の社会は，現代的課題（前節参照）といわれるさまざまな課題をかかえ
ている。これらに対する的確な対処を怠るならば，人間社会の持続可能性が危
機に瀕することになる。「持続可能な開発目標（SDGs）」の達成への取り組みが
広がり，教育の側面からそれに貢献する「持続可能な開発のための教育（ESD）」
の必要性が強調されるのはこのためである（第8章第2節参照）。

　私たちはSDGsとESDの考え方を基本とし，さまざまな課題の解決に向け
た学習とその成果を生かした適切な行動が求められている。40年も前に提唱
された「革新型学習」（本章第2節参照）の必要性は決して減じていないのである。
社会の将来を見すえた学習を通して，持続可能な開発のあり方を追究すること
が求められている。その先にこそ，人と人，そして自然と人とが共生し，安定
性のある豊かな社会の可能性が待っているであろう。

（2）　私たちに求められるもの

　私たちは生涯学習を通してどのような力を培えばよいのだろうか。これに関
しては，国内外の諸機関による提案が参考になる。例をあげれば，キー・コン
ピテンシー（コラム「PISAとPIAAC」参照），社会人基礎力（経済産業省），人
間力（内閣府），学士力（文部科学省）などがある。

　これらの提案に共通の要素は，人々との関係のなかで活動するという意味で
のコミュニケーション力の必要性である。これは，子ども時代に受験勉強に偏
重した生活を送ってしまうと身につかない能力であり，大人になってからも個
人学習（第3章第2節参照）のみで培うことは困難である。子どもから大人まで，
多様な人々との関係のなかで学ぶ「学び合い」の経験が必要といえるだろう。
多様な文化や立場の人々との度重なる学び合いを通して，私たちは前述のよう
な社会を創造するための力を身につけるのである。

（3）　社会教育の新しい展開

　新しい社会を創造するための学習や多様な人々との学び合いを促進するた

め，社会教育があらゆる側面から刷新される必要がある。とくに，社会教育行
政の役割は大きい。たとえば，次のような観点が重要である。

・コミュニティ形成やまちづくり・地域づくりを志向する学習，あるいは学
　習者間のつながりを促すような学習を促進する。
・大学を含む学校教育機関と地域社会との連携を促し，児童・生徒・学生
　の現代的課題の学習，多様な体験学習，課題解決型学習を充実させる。
・一般行政，NPO，民間企業，地域諸団体などとのネットワークを広げ，社
　会の諸課題と人々の学習との密接な関係を多様に生み出す。

　社会教育における学習課題は，社会に直結するものが多い。それだけに，地
域社会から国際社会までを含む社会全体の課題を，常に学習活動とつなげる
ための努力が必要である。社会教育の刷新は，持続可能で豊かな社会の創造
に多大な効果をもたらすであろう。

注
(1)　社会教育，学校教育，家庭教育といった教育領域の範囲外で自ら学ぶことを「自己
　　学習」と呼ぶ定義も存在する。しかし，そのような定義による自己学習には偶発的学習，
　　あるいは本来は社会教育に属する活動であるスポーツ・レクリエーション活動が含まれ
　　る場合があるなど，本書でいう「独力的学習」と完全に一致するわけではない。さらに，
　　学校教育の分野では「子どもの自律的な学習」，企業内教育の分野では「社員自身が社
　　外で取り組む自己の能力開発」を自己学習と呼ぶことがある。このような背景から，従
　　来あまり使われていない「独力的学習」という用語をあえて用いた。
(2)　ラングランの提出したワーキング・ペーパーの訳として，ここでは波多野完治訳「生
　　涯教育について」(日本ユネスコ国内委員会『社会教育の新しい動向──ユネスコの国
　　際会議を中心として──』1967 年に所収)を用いた。この部分の引用は同訳 78 頁。
(3)　同上訳書 76, 77, 82, 83, 94, 95 頁などより抜粋・要約。

参考文献
鈴木敏正・朝岡幸彦編著『社会教育・生涯学習論』学文社，2018 年。
田中雅文・中村香編著『社会教育経営のフロンティア』玉川大学出版部，2019 年。
ユネスコ「21 世紀教育国際委員会」編／天城勲監訳『学習：秘められた宝』ぎょうせい，
　　1997 年。
パウロ・フレイレ／小沢有作他訳『被抑圧者の教育学』亜紀書房，1979 年。

コラム　　　　　　　　EU の生涯学習政策

1990 年代半ば以降, EU (欧州連合) は, 知識基盤型社会の確立をめざし, 生涯学習を振興してきた。2000 年 3 月, 欧州理事会「リスボン戦略」を打ち出して以降, 生涯学習はヨーロッパにおける教育政策を統括する概念として活用され, EU 加盟国の初等・中等教育や高等教育に関する政策や, それ以外の国々にも大きな影響を与えている。

EU が生涯学習を政策課題として明確に提唱し始めたのは 1995 年である。『教育雇用白書:教育と学習——学習社会へ向けて』という白書では, 情報社会, 国際化, そして科学技術の知識増大のインパクトに対応するために, 学習社会の建設につながる教育と雇用を重視するとうたわれる。1996 年に実施された「ヨーロッパ生涯学習年」は, 新しい知識を獲得し活用する教育と雇用という課題を, 社会と個人の両者が認識するための啓発活動だった。そして 1997 年に発表された報告書『知のヨーロッパに向けて』において, 生涯学習を基盤とした「知識基盤型社会 (knowledge based society)」構想が打ち出され, 雇用の促進が主題とされた。2010 年を年限とするリスボン戦略はその後, 2020 年までの目標を定めた「欧州 2020」に引き継がれ, ①知的な成長 (smart growth), ②持続可能な成長 (sustainable growth), ③包括的な成長 (inclusive growth) が示された。

同じ時期に, 欧州連合の生涯学習政策を牽引してきた考えに, 拡大する EU 加盟国を背景に設定された,「多様性における統合」を実現する「アクティブ・シティズンシップ」という考えがある。これは, 多様化する社会的・文化的背景をもつ加盟国が, また加盟国内におけるヨーロッパの外部から流入する移民労働者との共存が社会的課題となるなか,「社会的結束 (social cohesion)」のために共通の文化的背景を構築する必要から取り入れられた[1]。

このような目標を達成するため, EU の教育訓練局は, 2014 年から「エラスムス+」という枠組みのなかで, 成人学習の質向上を促進している。また 2017 年からは「ET2020」を制定し, 教育と職業訓練に関する数値目標を共有している。このように, EU 加盟国は成人学習に関係する団体や個人に対し, 相互に学び合い, 戦略的パートナーシップを発展させ, ネットワーク化を促し, 実践事例を共有できるよう, 人材交流を進めるなど, 生涯学習の可能性を駆使しながらヨーロッパ全体の教育力の向上をめざしている。

（坂口　緑）

注
(1)　近藤孝弘編『統合ヨーロッパの市民性教育』名古屋大学出版会, 2013 年。

生涯スポーツ

　教育・生涯学習に関する世論調査（内閣府，2015年）の「1年間の生涯学習の実施状況」をみると，「健康・スポーツ（健康法，医学，栄養，ジョギング，水泳など）」の回答が21.0％と最も高くなっている。さらに，生涯学習をしている理由をみると，「健康の維持・増進のため（43.2％）」が高い値を示している。われわれ日本人の健康やスポーツに関する関心の高さが見てとれよう。

　一般にスポーツは競技スポーツと生涯スポーツに分けられ，後者は健康の維持・増進，レクリエーションを目的とし，生涯を通じて行うスポーツとして位置づけられている。

　スポーツ基本法第2条には「スポーツは，これを通じて幸福で豊かな生活を営むことが人々の権利であることに鑑み，国民が生涯にわたりあらゆる機会とあらゆる場所において，自主的かつ自律的にその適性及び健康状態に応じて行うことができるようにすることを旨として，推進されなければならない」と法律の基本理念が示されている。まさに，生涯学習の1つの領域といってよいだろう。

　なお，同条文には，青少年スポーツの推進，スポーツを通じた世代を超えた地域住民の交流促進，スポーツを行う者の心身の健康保持増進・安全の確保，障害のある人への配慮，スポーツの競技水準の向上のための諸施策の推進，国際相互理解や国際平和への寄与などがうたわれている。

　上記を実現するための方策の1つとして注目されているのが「総合型地域スポーツクラブ」である。同クラブは1995年度からモデル事業として9年間展開され，その後，全国的に広まりをみせている。同クラブは「人々が，身近な地域でスポーツに親しむことのできる新しいタイプのスポーツクラブで，（1）子どもから高齢者まで（多世代），（2）様々なスポーツを愛好する人々が（多種目），（3）初心者からトップレベルまで，それぞれの志向・レベルに合わせて参加できる（多志向），という特徴を持ち，地域住民により自主的・主体的に運営される（文部科学省HPより）」。

　2018年7月現在，全国で3445（内，活動休止中86）クラブがすでに創設，154（内，活動休止中17）クラブが創設準備中である。さらにその内，882クラブがNPO法人などの法人格を取得している（文部科学省「平成30年度総合型地域スポーツクラブ育成状況調査」）。

　現在，認定NPO法人制度を積極的に活用するなど，さまざまな方法による活性化が図られている。わが国のスポーツ推進のため，今後のさらなる発展が期待される。　　　　　　　（宮地　孝宜）

第2章　生涯学習の理念と理論

第1節　ユネスコとOECD

（1）　教育から学習へ

　生涯学習はすべての人が生涯にわたり，あらゆる学習の場や機会を活用し，学習者の自主性を基本において学習を進めることをめざして導入された理念である。学習者の自主性を重視するこの理念は，近代に発達した学校教育をとらえ直そうという機運とともに普及した。私たちは教育というと，まずは「学校」という施設を思い浮かべる。けれども，教育が学校という一定の施設に囲い込まれ，教師という専門家にゆだねられるようになったのは，18世紀になってからだった。20世紀半ばになり生涯学習が徐々に知られるようになっていった背景には，教育を専門家に任せきりにするのではなく，多くの人がかかわるより広い営みとしてとらえ直せるのではないかという期待があった。

　教育から学習へという流れが生じはじめた1960年代後半，生涯学習をめぐる議論に大きな影響を与えた二つの国際機関がある。一つは，第二次世界大戦後，「人々の心の中に平和のとりでを築く」ことをめざして設置されたユネスコ（国際連合教育科学文化機関）であり，もう一つは，やはり第二次世界大戦後にアメリカの欧州復興支援策（マーシャル・プラン）の受入体制を整備するために設立され，現在では多くの先進諸国によって構成されるOECD（経済協力開発機構）である。この二つの国際機関がリードして形成されてきた生涯学習をめぐる理解は，そのまま現在まで二つの異なる理念の系譜として受け継がれている。

（2）　存在の領域にある学び

　開発途上国における子どもへの教育普及と識字教育を活動の柱としてきた
ユネスコは，1960年代半ばにもう一つの柱を設置する。人の一生という時系
列に沿った垂直的次元と，個人および社会の生活全体にわたる水平的次元と
の統合としての「生涯学習」という考え方である。ユネスコが提唱する生涯学
習の理念とは，一言でいうと学びを「所有の領域」としてではなく「存在の領
域」として理解するものである。第1章でも取り上げた生涯学習の祖とも呼ば
れるポール・ラングラン（Lengrand, P.）は次のようにいう。

　　　（これから必要になるのは）博識を獲得することではなく，自分の生活の
　　種々異なった経験を通じてつねによりいっそう自分自身になるという意味
　　での存在の発展である[1]。

　学びの結果として望ましいのは，人々がより多くの知識を所有することでは
なく，自分を知り自分の存在を発展させることだとラングランは考えた。なぜ
なら，変化の激しい社会において最も懸念しなければならないのは，時代遅れ
の知識が無効になり失業を強いられるということ以上に，時代に追いつこうと
必死になるあまり人間がモノや時間に支配される「疎外」だからである。した
がって，学習は，より多くの知識を手に入れ時代にキャッチアップすることで
はなく，自己実現こそを目的としなければならないと考えた。
　この考えは，のちにユネスコのフォール報告を規定した「学習社会（learning
society）」の提唱者であるロバート・M・ハッチンス（Hutchins, R. M.）にも引き
継がれる。ハッチンスは，西欧の社会では労働が人生の目的だとみなされてき
たため，教育や学習がその準備にすぎないと過小評価されていると指摘する。
たしかに機械化が進んだ産業社会では，有閑階級だけではなく多くの労働者
も余暇を手に入れた。しかし余暇はただあるだけでは消費されてしまう。労働
に備えた休息や，労働からの一時的な逃避としての娯楽に費やされる。しかし
ハッチンスは余暇とは何かのためになるものではなく，それ自体として価値が

あると訴えた。そして，そのために「学習すること，達成すること，人間的になることという目的のもとに，（労働よりも余暇を重視する）価値の転換」が必要だと述べる[2]。なぜなら余暇は，個人ではなく社会全体の存立にかかわる重要事項だからである。ハッチンスはアリストテレスに倣い，古代のアテナイ市民を例に，学びが社会を形成するために必要なものだとみなしていた。余暇こそが学びの元であり，学びは「生活に役に立つ事柄」ではなく「徳に導く事柄」に属すると考えた。学びに意味があるのは，それが何かに役立つからではなく，それ自体に価値があるからだという考え方は，「存在の領域」としての学びを重視したハッチンスやラングランに代表される理解であるといえる。

（3）　所有の領域にある学び

いっぽう，OECD における生涯学習の理念とは，急激な社会変化を理由にあえて「所有の領域」を強調するものである。OECD は生涯のうちに教育期と労働期を自由に何度も繰り返すリカレント教育に関する報告書を 1973 年に刊行し，いち早く提唱した機関である。その目的は，第 1 に個人が潜在能力を開花させ可能性を拡大すること，第 2 に世代内の，また世代間の教育機会の均等を実現すること，第 3 に教育と労働の相互作用を進めることの三つであった。また 1996 年には OECD 教育大臣会議が「万人のための生涯学習（Lifelong Learning for All）」という文書を発表し，生涯学習が「個人の生活を豊かにし（enriching），経済成長を促進し，社会的結束を維持する」ゆえに，各国政府はその基盤整備に努める必要があると指摘している[3]。

「万人のための生涯学習」という考えは「知識基盤型社会」の確立をめざす現在も OECD の教育政策を規定するフレームワークとなっている。近年も，生徒や成人の学習の実態や今後の推移を予測するための国際比較調査（PISA，PIAAC）が行われている（コラム「PISA と PIAAC」参照）。2005 年に発表された報告書では，高学歴社会を達成したかにみえる先進諸国においても，比較的恵まれない立場にいる労働者が少なくないことを指摘し，そのような労働者に対して生涯学習の機会を提供する必要性や，政府，個人，企業の間での財政

負担の振分けなど，学習と労働の結びつきを前提にした課題が提示されている[4]。2012年の報告書では，数多くの15〜29歳の若者が就業せず，訓練も教育も受けていないことが指摘されている[5]。すでに十分な経済発展を遂げた先進諸国にとっても，人的資源の開発は欠かせない。労働から疎外されている人々，機会を十分に活用できていない人々の潜在能力を引き出し，知識や技術の向上がはかれるのか。これが現在もOECD加盟国の共通課題となっている。

第2節　アンドラゴジーの誕生

（1）　学習する成人の出現

　学習は存在の領域に属するものなのか，それとも所有の領域に属するものなのか。二つの国際機関におけるそれぞれの生涯学習の理念は，20世紀後半に始まる急激な社会変化に人間がどのように対応していくのかという問いに対するそれぞれの回答でもあった。けれども，生涯学習の歴史を遡ると，学習それ自体のプロセスを解明しようとする分野に学問的関心が向けられたのは，ごく最近だったことがわかる。というのも，長い間何かを学ぶというのは誰かに何かを教わることと同義であり，それは常に誰に何をどのように教えるべきかを問う教育の論理で説明されてきたからである。それに対し，「教える－教わる」という関係から離れ，学びとは何かという点に関心が集まったきっかけは，19世紀ヨーロッパにみられた「学習する成人」の出現だった。より多くの知識を必要とし，社会の成員となるための社会化を必要とする子どもではなく，すでに社会の成員として重要な役割を果たしている成人が，なぜ成長したのちも学ぶのか。学習する成人の出現に合わせて，このような問いを考えるアンドラゴジーと呼ばれる学問分野が成立した。

　アンドラゴジーは，子どもに対する教育の技術を意味するペダゴジーの対語として考案された造語であり，19世紀後半のドイツにおいて成立したといわれている。アンドラゴジーは，子どもではなく大人が学ぶ意味とは何か，また子どもを主な対象とする学校のように，教えたり教えられたりする主客の関係が

成立しない場において，誰が何をどのように教えることが可能かといった問題
を議論する場として形成された。

　当時のドイツでは民衆教育（Volksbildung）という成人を対象とする啓蒙活動
がさかんになっていた。この活動を主導した民衆教育普及協会は，教育を十
分に受けていない市民層を主な対象とし，政治的・社会的立場を超えてドイツ
帝国の統一公民を育成することを目的とした。この活動はワイマール期（1919-
1933 年）になるといくつかの立場に分かれ，労働者に一般教養や政治教育を授
ける労働者教育と，労働者に対する「生への援助」を中心とする人間教育を
掲げる啓蒙的な民衆教育とがそれぞれ台頭した[6]。ドイツにおける成人教育は
このようにして，一方では質の高い労働者となるための所有の領域で，また他
方ではよりいっそう人間として成長するための存在の領域で，労働者に対する
働きかけとして成立した。教育には，養い育てる educare というラテン語に遡
る語源と，子どもを導く paidagōgía というギリシャ語に遡る語源がある。政治
学者オイゲン・ローゼンシュトック（Rosenstock, E.）は，子どもを対象とする教
育とは区別される「アンドラゴギーク（Andragogik）」という語を用い，成人を
対象とする教師について論じた試論を発表している。それは，学校という施設
の外で，多様な背景をもつ成人に対し，教える側に立つ者がどのようにして学
習者にアプローチできるのかを説いた，実践的な小論であった。以後，ドイツ
ではアンドラゴギークが成人教育を意味する語として定着していった。

（2）　アメリカのアンドラゴジー

　他方，アメリカではローゼンシュトックの影響を受けたエデュアード・リン
デマン（Lindeman, E.）がアンドラゴギークの英訳「アンドラゴジー（andragogy）」
という語を用いはじめる。リンデマンは，成人にとっては生活をとおした経験
こそが学習にとって重要であるという視点に立ち，学びの意味を探究した。そ
して自らが提唱するアンドラゴジーの意味を「非権威主義的でインフォーマル
な学習」の探究であり，「教育を生活と重ね合わせ…るような，成人のための
学習の技法」の追究であると述べている[7]。

　このようにしてアメリカで発達したアンドラゴジーは，成人の学習者の特徴を見極めようとする新しい理論として展開される。リンデマンはアンドラゴジーの特徴を，次の4点に集約している。① 教育は生活である，② アンドラゴジーは非職業的な性格をもつ，③ アンドラゴジーは状況を経由するものであって，教科を経由するものではない，④ アンドラゴジーの資源は，学習者の経験に求められる。成人が学習する意味を探求したリンデマンは，ジョン・デューイ（Dewey, J.）やラルフ・ウォルド・エマーソン（Emerson, R. W.）の思想を取り入れつつ，生活に根ざした学習の重要性をいち早く指摘した。

　20世紀半ばを過ぎるとリンデマンによって紹介されたアンドラゴジーが，さらなる発展を遂げる。労働者の権利擁護と生活支援を目的とする労働運動の一環として成人教育が行われてきたイギリスやスウェーデン，ドイツと異なり，また農民の生活向上と国民文化の形成を基礎として発展したデンマークとも異なり，アメリカでは，統一的な成人教育事業が行われてきたわけではなかった。全国的な活動があったとしても，それらは単一の機関が統制したり指導力を発揮したりすることはなく，いわば偶発的な活動として展開されてきた[8]。その一方で，活動の実践が積み重なるにつれ，成人の学びの特質は何かという問題を個人の内面性に還元して考察する心理学的なアプローチによる視点が共有されるようになった。そのような状況のなか，成人教育の理論と実践を体系化するために，次節で取り上げるマルカム・ノールズ（Knowles, M.）はアンドラゴジー概念のリバイバルを提起し，その後の議論に大きな影響を与えた。

第3節　自己決定性という特質

（1）　フールとタフの先行研究

　アメリカ各地で成人教育の実践にたずさわってきたノールズは，自らの師でもあるリンデマンをアンドラゴジー理論における「偉大な先駆者」と位置づけつつも，成人の学びの特質を研究するなかで，1960年代に発表された調査研究に着目する。シリル・フール（Houle, C. O.）は，学習の内面的プロセスに焦点

を合わせたインタビュー調査を行い論文を発表した。異なる背景をもつシカゴ
地区に住む 25 人の話を聞くと，次の３グループに分けられたという。すなわ
ち，① 学習の目的をはっきりと設定している目的志向型（goal-oriented），② 学
習そのものよりも学習する環境に意味を見いだす活動志向型（activity-oriented），
③ 知識をそれ自身のために求める学習志向型（learning-oriented）の三つである。
またアレン・タフ（Tough, A.）は，「成人は他の人に教えてもらえない場合にど
のようにして自然に学ぶのか」という問題に取り組んだ。学習を始めた成人は
しばしば教師として訓練されていない援助者のもとに助言を求めに行くと指摘
している。そして教師として訓練された援助者のもとに助言を求めに出向いた
場合，学習者は教師の手法に合わせることを求められ，その結果，学習者が
自らの判断で実行してきた学習の手順を遮られる場合があることを発見してい
る[9]。

（2）　ノールズの自己決定性

　ノールズは以上の先行研究に基づき，子どもを対象とする教育の技術をさす
ペダゴジーとは区別される，アンドラゴジーを構想する（表 2-1 参照）。そして
それは，自己決定性（self-directedness）という，人間が成長するにつれて身に
つける，依存から自律へいたる発達特性と学習とのかかわりに着目した方法論
であった。ノールズはこの自己決定性と学習との連関を，次のような四つの特
性にひきつけて説明している。① 依存的なパーソナリティから，自己決定的
（self-directed）な自己概念へと変化する，② 経験の蓄積が学習する際の豊かな
資源になる，③ 学習へのレディネス（準備状態）は社会的役割の発達課題に向
けられる，④ 将来的に役立つ知識よりも，即時性のある応用可能な知識を求
める[10]。ただしノールズは，学習者が年少である場合にはペダゴジーを，年
長である場合にはアンドラゴジーをといった画一的な適用を提唱しているわけ
ではない。また両者が二者択一的な方法論であるともみなしていない。むしろ，
学習者の年齢に関係なく，また学習課題によっては両者を並立させるかたちで
適用すべき，もう一つの方法論であると考える。

表2-1　ペダゴジーとアンドラゴジーの考え方の比較（ノールズ）

項目	ペダゴジー	アンドラゴジー
学習者の概念	学習者の役割は，はっきり依存的なものである。教師は，何を，いつ，どのようにして学ぶか，あるいは学んだかどうかを決定する強い責任をもつよう社会から期待されている。	人間が成長するにつれて，依存的な状態から自己決定性が増大していくのは自然なことである。もちろん，個人差や生活状況による差はみられるが，教師はこの変化を促進し，高めるという責任をもつ。成人は，特定の過渡的状況では，依存的であるかもしれないが，一般的には自己決定的でありたいという深い心理的ニーズをもっている。
学習者の経験の役割	学習者が学習状況にもち込む経験は，あまり価値をおかれない。それは，スタートポイントとして利用されるかもしれないが，学習者が最も多く利用する経験は，教師や教科書執筆者，視聴覚教材制作者，そのほか専門家のそれである。それゆえ，教育における基本的技法は，伝達的手法である。講義，割り当てられた読書，視聴覚教材の提示など。	人間は，成長・発達するにつれて，経験の貯えを蓄積するようになるが，これは，自分自身および他者にとってのいっそう豊かな学習資源となるのである。さらに，人々は，受動的に受け取った学習よりも，経験から得た学習によりいっそうの意味を付与する。それゆえ，教育における基本的技法は，経験的手法である。実験室での実験，討論，問題解決事例学習，シミュレーション法，フィールド経験など。
学習へのレディネス	社会からのプレッシャーが十分強ければ，人々は，社会（とくに学校）が学ぶべきだということをすべて学習しようとする。同年齢の多くの人は，同じことを学ぶ準備がある。それゆえ，学習は，画一的で学習者に段階ごとの進展がみられる，かなり標準化されたカリキュラムのなかに組み込まれるべきである。	現実生活の課題や問題によりうまく対処しうる学習の必要性を実感したときに，人々は何かを学習しようとする。教育者は，学習者が自らの「知への欲求」を発見するための条件をつくり，そのための道具や手法を提供する責任をもつ。また，学習プログラムは，生活への応用という点から組み立てられ，学習者の学習へのレディネスにそって，順序づけられるべきである。
学習への方向づけ	学習者は，教育を，教科内容を習得するプロセスとしてみる。彼らが理解することがらの多くは，人生のもう少しあとになってから有用となるものである。それゆえ，カリキュラムは，教科の論理にしたがった（古代史から現代史へ，単純な数学・科学から複雑なものへなど）教科の単元（コースなど）へと組織化されるべきである。人々は，学習への方向づけにおいて，教科中心的である。	学習者は，教育を，自分の生活上の可能性を十分開くような力を高めていくプロセスとしてみる。彼らは，今日得たあらゆる知識や技能を，明日をより効果的に生きるために応用できるように望む。それゆえ，学習経験は，能力開発の観点から組織化されるべきである。人々は，学習への方向づけにおいて，課題達成中心的である。

　ペダゴジーを中心とする教育理論が，成績や学歴など外的な強制力に基づく知識の蓄積や情報の伝達をめざしていたのに対し，ノールズが構想したアンド

ラゴジーは学習を内在的なプロセスととらえる。学習者は，学習へのニーズを感じ，学習が個人的目標達成の助けになると感じたときに初めて学習活動へと動機づけられる。この場合，学習をコントロールできるのは学習者本人だけである。したがって，人々を自発的な探究に最も深くかかわらせるような方法こそが，最もすぐれた学習を生み出すことになる。ノールズはこれを「自己関与（self-involvement）の原理」と呼び，教師として成人の学習者にかかわる人がもつべき技術の核心だとみていた。

　以上のようなノールズの学習そのものへの関心は，次節で取り上げるパトリシア・クラントン（Cranton, P.），ドナルド・ショーン（Schön, D. A.）の省察的実践に引き継がれ，現在まで大きな影響を与えている。

第4節　自己決定型学習から意識変容の学習へ

（1）　目標としての自己決定性

　カナダの成人教育家であるクラントンは，自らの豊富な臨床経験から，成人の学習者の特性を探究している。ノールズがその特性を自己決定性にあるとした点について，クラントンは，ノールズ自身も認めているように，成人であれば自己決定性が備わっているわけではなく，実際には成人が自己決定性をもつ存在であると認められたいと思っている点が重要であると指摘する。

　たとえば学習方法について，あらゆる成人が自己決定的であることは期待できない。いくつかの選択肢のなかから自分にあったものを選ぶことはできるかもしれないが，成人であるというだけで，学習方法を一から創造することを学習者に期待するのは困難である。また，学習そのものを自己決定的な行為であると考えることにも無理がある。自己決定性を字義どおり理解すると，誰からも情報を得ず，相互行為による影響からも閉ざされ孤立した独学しかありえないかのような誤解を招く。そこでクラントンは次のように述べ，自己決定性が，成人に初めから備わっている特性であるというよりも，学習者の「変化と成長をもたらすプロセス」の結果，備わる特性であると考える。

（2）　意識変容のための学習と行為の中の省察

　依存的な学習から自己決定的学習へと変容することを支援する学習のあり方を考察するクラントンが依拠するのは，メジロウの理論である[11]。自己決定型学習は，たしかに学習者が表明する範囲でのニーズに対応する点ではすぐれている。しかしそれは，その人の価値観や信念，期待，前提に基づいた範囲のものでしかない。成人には，学習をとおして影響を受けやすい特性（学習スタイル，価値観など）と影響を受けにくい特性（パーソナリティのタイプなど）がある。すべての学習において意識変容の学習が望ましいわけではないが，学習者が表明している範囲のニーズの前提そのものを問い直すような価値観に気づくには，一定の支援を必要とする。このようにして，クラントンは「自己を批判的にふり返り」「私たちの世界観の基礎をなす前提や価値観を問い直すプロセス」である，意識変容の学習につながる具体的な方法を例証する[12]。

　このような意識変容の学習が生涯学習の実践で応用されるにつれ，ふり返りの質が問われるようになった。ショーンの省察的実践論は，形式的で表面的な「行為後の反省（reflection on action）」ではなく，専門的知識が標準化されていない領域において生じる知を捉える「行為の中の省察（reflection in action）」の重要性を指摘する。専門的職業人による日々の職業的行為のなかには，ノウハウやこつ，わざが埋め込まれている。それは，7，8歳の子どもたちがバランス良くブロックを積み上げようと知らず知らずのうちに適切なブロックを手に取るような「知の生成（knowing）」，すなわち暗黙的で直感的な思考に見られるものである。行為の中において生成される知はしばしば説明不可能なものとされるが，ショーンは，実践者が行為の中の省察を拡大し深めることでこれを明示化し，実践者自身がもつ制約に気づくことができると主張する[13]。

　以上のように，学習に関する理論は，自己決定性の重要性，意識変容を促す振り返りの重要性，そして知の生成を捉える行為の中の省察といった，生涯学習の実践に深く関わる重要な視点を提供している。

第5節　オルタナティブな学習理論

（1）　学びとは何か

　生涯学習は成人教育と同義というわけではない。生涯学習の主体は成人だけではなく，子どもから高齢者まで多様な人々が含まれる。第1節で確認したように生涯学習の理念は，教育を施設や専門家の管理のもとに任せきりにするのではなく，多くの人がかかわり，生涯を通じて，また生活のあらゆる場面とかかわりをもつ営みとしてとらえ直そうという発想に根ざしている。それは，従来の「教える─教わる」という関係を刷新し，学びとは何かを問い続けるオルタナティブな問題領域を形成してきた。本節では，このオルタナティブな問題領域から発生した学習理論として，イヴァン・イリイチ（Illich, I.）の脱学校論と，ジーン・レイヴ（Lave, J.）とエティエンヌ・ウェンガー（Wenger, E.）の正統的周辺参加の理論を取り上げる。

（2）　脱学校論のインパクト

　ニューヨークやプエルトリコ，メキシコで活躍したカトリックの司祭でもあるイリイチは，1960年代半ばから「脱学校論（theory of deschooling）」を提唱し注目を集めた。イリイチは，学校が二つの幻想の上に成り立っていると指摘する。すなわち，学校は社会に適合的な社会統制の手段でしかないという点で「人を自由にする（liberate）」要素をもたないにもかかわらず，学校で行われる自由教育（liberal education）に多大な期待が寄せられている。また，ほとんどの学習は子どもが母語を覚えるように偶発的（accidental）に起こるにもかかわらず，学校化した社会では学習のほとんどが教えられたことの結果だと考える[14]。その結果，教育を受けた人ほど自分たちが経験してきたことを当然とみなし，施設や専門家への幻想をふくらませる。学校は「教授されることと学習することを混同する」ように働きかけ，その結果，「進級することはそれだけ教育を受けたこと，免状をもらえばそれだけ能力があること，よどみなく話せれば何か新しいことを言う能力があることだと取り違えるようになる」場所で

ある（イリイチ：1970=1977：13）。貧困状態にある人々と長くかかわってきたイリイチは，教育や技能の習得の重要性を積極的に認めている。ただしそれは次のような点で，学校に通うことと同義ではない。

　　すべての人に教育を与えるというのは，すべての人による教育をも意味するということである。人びとを教育を専門とする制度に強制的に収容することではなく，すべての人を教育的に活動させることのみが国民文化の形成に通じることができる。……学校化された社会に根本的にとって代わるものは，単に技能を正式に習得するための正式の新機構を求め，また技能の教育的使用を要求するだけではない。脱学校化された社会は，偶発的な教育あるいは非形式的な教育への新しいアプローチでもある[15]。

　イリイチはこのように教育そのものを，そして学習する機会そのものを，「学校」という施設から分離して考える。偶発的で非形式的なアプローチとして，具体的に「学習のためのネットワーク」をも構想する。これは，図書館や実験室，博物館などを利用した学習資源の共有化，教員資格の有無は関係なしに教えたり教えられたりできるような関係を築く「技能交換」，学習仲間を見つけるための「仲間選び（peer-matching）」など，学習者個人が自由にいつでも学ぶことのできる環境整備の提言である。現在の学習社会論にもつながる着想の萌芽が，ここにすでに現れている。

　施設をつくり，資格をもつ人材を育成し，子どもたちを管理のもとにおくことの非効率性をイリイチは指摘する。それは人間のもつ可能性を「学校」が想像できる範囲に押しとどめようとする力の帰結にすぎない。学習が偶発的で非形式的なアプローチを受け入れる素地をもつ活動であることをいち早く指摘したイリイチの議論は，彼の鋭い現代文明批判とともに，現在も一定の意味をもち続けている。

（3）　集団の行為としての学び

　他方，学習のプロセスを個人の内面に還元する伝統的な考え方から一歩ふ

みだし，共同性のもとにとらえ直そうという新しい学習理論が，1990年代になってレイヴとウェンガーによって提唱された。それまでの学習理論では，目的の妥当性やプロセスの正当性をめぐる見解の対立はみられたものの，「学び」という行為が，個人の内面に引き起こされるなんらかの変化であるという理解についてはおおむね一致していた。それに対し，リベリアのヴァイ族やゴラ族の仕立屋の徒弟たち，あるいはアルコホリックス・アノニマス（AA）に参加する断酒中のアルコール依存症者たちを観察するなかで，レイヴとウェンガーは，学びが個人的な内面の変化ではなく，むしろ集団的な行為として定着していくことを発見した。

　仕立屋の徒弟たちは，試験や訓練を経なくてもいずれ技能に長けた仕立屋の親方として独立していく。またAAの参加者は断酒し続けるという自らの行動そのものがアイデンティティとして確立されると，仲間の一員として承認される。レイヴとウェンガーはこのような集団に属する人が一人前になっていく過程は，個人が何か目標を設定してそれをクリアしていくというような単独行為の成果ではなく，といって旧来の教育理論が前提としてきたような「教える―教わる」という相互行為の結果でもないことを確認する。裁縫の技術や会の規則など，目に見える事実を「教える」ことではなく，仕立屋という共同体の，そしてAAという共同体の「成員になること」「成員でありつづけること」によって初めて，集団が学びの共同体として確立されるからである。

（4）　正統的周辺参加とは何か

　たとえば，初めてボランティアとして新しい団体の活動に参加する場合を考えてみよう。団体のリーダーは，活動の当日，その日の予定や留意点について教えてくれるかもしれない。けれどもたいていの場合，ガイダンスもそこそこにあなたは現場に放り込まれるだろう。放り込まれたら，自分よりも現場に慣れている人たちを手本に，なんとかその場の役割を果たそうと努力する。困難な場面に出会えば，その場で誰かの助けを得ながら，とにかく必要な作業を進めるだろう。するとまったくの初心者だった人が，時間を経るごとにちょっと

した熟練者となり，今度は新しく入ってくるボランティアの手本になるという循環が成立する。ボランティア活動の多くは，「教える－教わる」といった構造化された学習の相互行為よりも，「初心者－熟練者」の循環，すなわち集団的な行為による学びによって支えられている。

　レイヴとウェンガーはこのような集団的な行為のなかで体験する学びを正統的周辺参加（legitimate peripheral participation）と呼んだ。初心者は熟練者になっていく過程で，「見習い」となる期間が認められる。実践活動に参加はするが，その活動範囲も活動の成果に対する責任も限定的な期間である。「見習い」の期間があると，初心者も安心して，知識や技術，振る舞い方，話し方，親方やほかの成員，道具との関係，同業者との関係性など，共同体のもつ「ハビトゥス（habitus）」(16) を十全に学びとることができる。そしてそれが，今度は教える側に回る準備となる。初心者から熟練者へと移行し，その移行が集団に承認されるのにしたがって，人は自らのアイデンティティを書き換えていく。集団があるからこそ発生する学びと成長の可能性がここに示される。

(5)　生涯学習のなかの学び

　生涯学習の理論は，子どもから大人まであらゆる主体を前提とする。また意図的な行為も偶発的な行為も同等に評価する。そのため固定化された相互行為として「教育」を理解する視点とは次元を異にする，学びとは何かという原理的な思考へと人々を誘う。

　教育を学校教育と同一視することを回避し，学習そのものの可能性を見いだしたイリイチの脱学校論。そして，学習を学習者本人の心理的変化に還元する考え方を退ける一方で，知そのものが学習する主体とは無関係にアプリオリに存在するとの仮定をも退け，ついに学習が集団的行為であることを発見したレイヴとウェンガー。彼らの理論は，学びとは何か，なぜ学ぶのかといった根源的な問いに対し，個人の心理のみに依拠することなく社会的なまなざしのもとでの考察を可能にする。いずれも今後，生涯学習の実践の場面において，多くの問題を検証する際に役に立つ，重要な理論である。

注

(1) ポール・ラングラン『生涯教育入門』全日本社会教育連合会，1990年，48頁。
(2) Hutchins, R. M., *The Learning Society*, Frederick A. Praeger, New York, 1968, p.134
(3) OECD, *Making Lifelong Learning a Reality for All*, Meeting of the OECD Education Committee at Ministerial Level, Paris, 17 January 1996
(4) OECD, *Promoting Adult Learning*, OECD Publishing, 2005
(5) OECD, *Education at a Glance*, OECD Publishing, 2012, p.15
(6) 三輪建二『ドイツの生涯学習』東海大学出版会，2002年，3-4頁。
(7) R. Gessner (ed.), *The Democratic Man: Selected Writings of Eduard Lindeman*, Boston: Beacon Press, 1956, p.160
(8) ハロルド・スタブルフィールド，パトリック・キーン／小池源吾・藤村好美監訳『アメリカ成人教育史』明石書店，2007年，365-366頁。
(9) マルカム・ノールズ／堀薫夫・三輪建二監訳『成人教育の現代的実践』鳳書房，2002年，37頁。
(10) 同上書，40頁。
(11) Jack Mezirow, *Transformative Dimentions of Adult Learning*, San Francisco:Jossey-Bass, 1991
(12) 日々の覚え書きを記述するジャーナル・ライティング，問題解決の過程をふり返るケーススタディ，自分の身に起こった事件を中心に省察する「重要な出来事」，自分のおかれたコミュニティを客観的にふり返る「レパートリーの一覧表」，自分以外の視点から状況や問題をみるためのロールプレイなどの，具体的な方法をクラントンは解説している（クラントン，前掲書，210-242頁）。
(13) ドナルド・A・ショーン／柳沢昌一・三輪建二監訳『省察的実践とは何か』鳳書房，2007年。
(14) イヴァン・イリイチ／東洋・小澤周三訳『脱学校の社会』東京創元社，1977年，30-33頁。
(15) 同上書，49頁。
(16) ピエール・ブルデュー／石井洋二郎訳『ディスタンクシオンⅠ・Ⅱ』藤原書店，1979=1990年。

参考文献

パトリシア・クラントン／入江直子・豊田千代子・三輪建二訳『おとなの学びを拓く――自己決定と意識変容をめざして』鳳書房，1999年。
マルカム・ノールズ／堀薫夫・三輪建二監訳『成人教育の現代的実践：ペダゴジーからアンドラゴジーへ』鳳書房，2002年。
イヴァン・イリイチ／東洋・小澤周三訳『脱学校の社会』東京創元社，1977年。
ジーン・レイヴ，エティエンヌ・ウェンガー／佐伯胖訳『状況に埋め込まれた学習――正統的周辺参加』産業図書，1991=1993年。
ドナルド・A・ショーン／柳沢昌一・三輪建二監訳『省察的実践とは何か』鳳書房，2007年。

コラム　　　　　　　　高齢者と学習社会

　日本における 65 歳以上の高齢者は 3557 万人，総人口に占める割合（高齢化率）は 28.1％に達している（2018 年 9 月 15 日現在，総務省推計）。このような高齢社会の急速な進行を背景に，政府は高齢社会対策基本法に基づく高齢社会対策大綱を策定し，さまざまな側面から高齢社会への対応策を推進している。そのうち，学習社会との関連がとくに深いものは就業（職業訓練等）および社会参加・学習に関する施策である。就業や社会参加を含む学習社会の問題として高齢化をとらえたとき，その政策課題は次のように整理できる。

　第 1 に，高齢者自身の学習と社会参加（就業を含む）の支援である。高齢者は学習自体によって生きがいをもつことができるばかりでなく，その成果の活用によって社会とのつながりを実感し，自己有用感を高めることができる。そのため，高齢者の学習と社会参加（ボランティア活動，就業など）の循環的な発展を促すしくみが重要となる。一方で，急速に変化する金融・消費・社会環境のなかで安全・快適に暮らすための学習機会も不可欠である。

　第 2 に，若年世代を対象とする，高齢者や高齢社会に関する学習機会の充実である。その内容は，高齢期に向けた準備教育，高齢社会への理解と参加を促す教育などであり，学校教育や社会教育のさまざまな場面を通じ，高齢者との交流機会の充実も含め幅広く提供していくことが求められる。

　ここで，高齢者をとらえる視点として次のようなものがある。社会とのかかわりについては，高齢者が社会の主流から離脱することを推奨する「離脱理論」と，むしろ積極的な社会参加を推奨する「活動理論」がある。どのような欲求やニーズを重視するかについては，目標達成を大事にする達成的ニーズと，人間関係を大事にする親和的ニーズがある。さらに，知能の発達については，短期記憶・情報処理・瞬発力などの流動性知能と，社会規範・判断力などの結晶性知能があり，高齢期に減退するのは主に流動性知能である。

　高齢者がゆとりをもって生活するとともに，社会全体が高齢者のもつ経験や知恵を活かし，豊かな共生社会を実現させていくため，私たちは活動理論，親和的ニーズ，結晶的知能などを重視する高齢者観を大切にしていく必要があるだろう。
　　　　　　　　　　　　　　（田中　雅文）

注
　学習社会における高齢者の問題については，堀薫夫『生涯発達と生涯学習』（ミネルヴァ書房，2010 年）の第 I 部「生涯発達論」がわかりやすい。

第*3*章　生涯学習の内容と方法

　本章では，まず生涯学習の実態を内容と形態という二つの側面から説明する。さらに，生涯学習を支えるしくみの一つである学校開放に着目し，その動向を紹介する。最後に，近年の大きな潮流としての民間組織の台頭と情報社会の進展を取り上げ，これらが生涯学習にどのような影響を及ぼしているかを検討する。

第 1 節　生涯学習の内容

（1）　学習内容の実際

　人々は，どのような学習活動を行っているのだろうか。内閣府「教育・生涯学習に関する世論調査」（2015 年）からその実態をみると，表 3-1 のとおりである。この 1 年間の生涯学習の内容として上位項目をあげると，「健康・スポーツ」21.0％，「趣味的なもの」18.8％，「職業において必要な知識・技能」11.9％，「教養的なもの」9.0％，「家庭生活に役立つ技能」7.7％となっている。なお，表3-1 に注記したように，この調査では「生涯学習」をさまざまな学習活動と定義しているため，実質的には「この 1 年間の学習活動」と解釈して差し支えないと思われる。表 3-2, 3 でも同様に，「生涯学習」を「学習活動」と読み替えて差し支えない。文章上はたんに「学習」と表記する。

（2）　学習内容の分類

　かつて倉内史郎は，表 3-1 に示されるような多様な学習の内容を，学習の目的や目標から三つに分類した [1]。

表 3-1　この 1 年間の生涯学習の実施状況

21.0	健康・スポーツ（健康法，医学，栄養，ジョギング，水泳など）
18.8	趣味的なもの（音楽，美術，華道，舞踊，書道，レクリエーション活動など）
11.9	職業において必要な知識・技能（仕事に関係のある知識の習得や資格の取得など）
9.0	教養的なもの（文学，歴史，科学，語学など）
7.7	家庭生活に役立つ技能（料理，洋裁，和裁，編み物など）
6.4	ボランティア活動のために必要な知識・技能
5.7	社会問題に関するもの（社会・時事，国際，環境など）
4.7	育児・教育（家庭教育，幼児教育，教育問題など）
4.6	就職や転職のために必要な知識・技能（就職や転職に関係のある知識の習得や資格の取得など）
4.2	自然体験や生活体験などの体験活動
3.3	情報通信分野の知識・技能（プログラムの使い方，ホームページの作り方など）
0.5	その他
52.3	生涯学習をしたことがない
0.2	わからない

注：複数回答方式，単位は％。
　　この調査では生涯学習の定義を「人々が，生涯のいつでも，どこでも，自由に行う学習活動のことで，学校教育や公民館における社会教育などの学習機会に限らず，自分から進んで行う学習やスポーツ，文化活動，趣味，ボランティア活動などにおけるさまざまな学習活動」とし，本表にある学習内容を提示したうえで，「この 1 年間くらいの間に，生涯学習をしたことがありますか」と質問している（回答者総数（N）＝ 1653 人）。
（出所）内閣府「教育・生涯学習に関する世論調査」（2015 年）

　第 1 は，実生活での有用性を目的とする「役に立つ学習」である。表 3-1 の項目でいえば，健康，職業における必要，家庭生活，ボランティア活動，育児・教育，社会問題，自然体験・生活体験といったことに関する学習がこれに相当する。第 2 は，学ぶこと自体の楽しさを求める「楽しむ学習」で，教養，スポーツ，趣味などがこれの代表的なものである。第 3 はこれらの学習を高める効用をもつ「学習の基礎となる学習」であり，情報通信分野の知識・技能の学習などはこの分類に含めることができる。

　ただし，同じ情報通信分野の知識・技能の学習でも，職業上の必要から学ぶ場合は第 1，趣味で行う場合は第 2 の分類に入る。このように，概念上は三つの分類が可能であるものの，ある学習内容がどの分類に含まれるかについては，学習の状況によって異なる。

　倉内はその後，「役に立つ学習」を，「実用」に関する学習（日常の実生活に

役立つもの）と「社会」に関する学習（地域，国，地球といった社会生活に貢献するもの）に細分した[2]。いわば前者は私益性（自分のために役立つ），後者は公益性（社会のために役立つ）をもった学習といえよう。このように考えると，多様な学習の内容は「私益的な学習」，「公益的な学習」，「楽しむ学習」，「学習の基礎となる学習」の四つに分類することができる。

　もっとも，私益性，公益性，楽しみといった分類は，学習内容それ自体の性格のみならず，学習したことの成果を活用する局面に対しても用いることができる。たとえば，学習内容からみれば，バイオリン演奏を習うといった音楽の学習は「楽しむ学習」とみることができるものの，その学習成果を活かして福祉施設で慰問演奏をする場合は，公益性の高い活動で学習の成果を活かしたということになる。このように，学習の効用というものは，学習する段階とその成果を活用する段階の両面から考えることができる。

　図3-1に示した枠組みは，上記で述べてきたことを表現したものである。たとえば，「公益的な学習」→「公益的な活動」という流れは，自然保護問題を学習してその成果を自然保護運動で活かすことがこれにあてはまる。しかし，自然保護問題を学習しても自然への興味が刺激されただけで，自然のなかでのハイキングを楽しむ生活が充実するようになった，などという場合は「公益的な学習」→「楽しむ活動」に該当する。逆に，「楽しむ学習」→「公益的な活動」の例は，前述のように，趣味の意識から取り組んだバイオリン演奏の学習成果

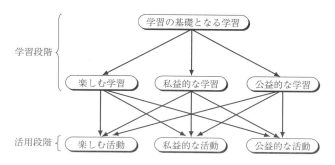

図3-1　学習と活用の内容類型

を，福祉施設の慰問演奏によって公益的な活動で活かすというものである。

(3)　学習成果の活用

　以上のように，人々の学習をとらえるにあたり，学習の成果をどのように活用するかという観点は重要である。そこで，実際に学習の成果がどのように活用されているかをみてみよう。表3-2は，内閣府「生涯学習に関する世論調査」（2018年）の結果から，学習成果の活用状況をみたものである。

　回答率の高い順にあげると，「自分の人生がより豊かに」50.5％，「仕事や就職の上で」47.9％，「家庭・日常の生活に」40.0％となっており，自分自身のために役立てた（楽しみや私益性の強い活用）という回答が上位を占めている。はっきりと公益性が表現されている「地域や社会での活動に」は21.2％で最も低い回答率である。このように，図3-1に示した活用段階の公益性については，実際にそれに相当する活動を行っている人は多くない。第1章第3節(2)で述べた「学びと活動の循環」も，実際に実践している人は少ないといえる。

表3-2　学習成果の活用状況

50.5	自分の人生を豊かにしている（生かせる）
47.9	仕事や就職の上で生かしている（生かせる）
40.0	家庭や日常の生活に生かしている（生かせる）
31.5	健康の維持・増進に役立っている（生かせる）
21.2	地域や社会での活動に生かしている（生かせる）
0.5	その他
4.7	生かしていない（生かせない）
0.5	わからない

注：複数回答方式，単位は％。
　　この1年間くらいの間に「学習したことがある」とする者に，「学習した成果をどのように生かしていますか。あるいは生かせると思いますか。」と質問した結果である（回答者総数（N）＝999人）。。
（出所）内閣府「生涯学習に関する世論調査」（2018年）

第2節　生涯学習の形態

（1）　調査からみる学習の形態

　世論調査によれば，学習の形態は表3-3のとおりである。上位項目をあげると，「インターネット」22.6％，「職場の教育，研修」21.5％，「自宅での学習活動」17.8％となっている。従来の内閣府調査では，公的機関や民間の講座・教室とサークル活動の割合が高かった（2015年の「教育・生涯学習に関する世論調査」，2012年の「生涯学習に関する世論調査」など）。それに対し，表3-3では，インターネットをはじめとする個人学習（後述）に相当する学習の形態が上位を占めていることが特徴的である。

（2）　学習形態の分類

　表3-3に表れた多様な学習の形態は，個人学習，集合学習（集団学習，集会学習）という二つに分類することができる。

①　個人学習

　個人学習とは学習者が一人で行う学習であり，教材や各種媒体を用いる場

表 3-3　学習の形態

22.6	インターネット
21.5	職場の教育，研修
17.8	自宅での学習活動（書籍など）
14.5	テレビやラジオ
13.8	図書館，博物館，美術館
10.4	公民館や生涯学習センターなど公的な機関における講座や教室
9.1	カルチャーセンターやスポーツクラブなど民間の講座や教室，通信教育
8.0	同好者が自主的に行っている集まり，サークル活動
6.7	学校（高等学校，大学，大学院，専門学校など）の講座や教室
0.6	その他
41.3	学習をしたことがない
0.2	わからない

注：複数回答方式，単位は％。回答者総数（N）＝1710人。
（出所）内閣府「生涯学習に関する世論調査」（2018年）

合が多い。表 3-3 の項目でみると，インターネット，自宅での学習活動，テレビやラジオ，図書館，博物館，美術館，通信教育による学習活動が一人で行われるとき，これらは個人学習に該当する。人と人とのつながりが希薄になった今日，これらの学習が上位を占めることに注意しなければならない。個人学習の浸透が人々の孤立を促進するのだとすれば，何らかの対策が必要である。

② 集合学習

　複数の人々が集合して行う学習は集合学習と呼ばれ，参加者同士の相互作用の有無によってさらに二つの形態に分けることができる。

　第 1 は，集団学習であり，集団における参加者同士の相互作用によって発生する学習である。表 3-3 のサークル活動は，その典型である。自主的な学習サークルをつくって意見交換や交流を通して学んでいく過程では，相互教育や学び合いが発生し，ひいてはメンバー間に連帯や信頼関係が生まれる。人々の孤立の弊害が指摘される現代社会において，集団学習のメリットは大きい。

　社会教育の領域で「共同学習」と呼ばれる学習形態も集団学習の一種であり，「学習者が問題となっている主題に即して自らの体験や考え方を話し，課題を指摘しあったり問題解決の方法に論じあったりする学習形態」とされる [3]。共同学習の場合，たんなる学び合いではなく，生活や地域社会の改善に向けた課題解決的な志向をもつ。社会教育の伝統的な学習形態であり，第二次世界大戦後の日本における郷土づくりの過程で大きな役割を果たした。

　第 2 は集会学習である。これは，講師等の指導的な立場の人のもとに学習者が集まり，講師等がほぼ一方的に提供する情報を受講者が受け取る形態の学習である。前述の集団学習では学習者間の双方向あるいは多方向のコミュニケーションがあるのに対し，集会学習ではそれらがほとんどない。表 3-3 の項目では，公的な機関あるいは民間の講座や教室，学校の講座や教室などは，集会学習の形態をとることが多い。

　大学の授業を例にとれば，卒業論文や個人レポートは個人学習，ゼミやグループ学習は集団学習，教師が一方的に話す講義形式の授業は集会学習の形態をとるものといえる。

（3）　ワークショップ

　近年さかんに行われるようになった「ワークショップ」は，集団学習の一種と考えてよい。ワークショップとは，一定のテーマのもとに参加者が知恵や経験を出し合い，その結果としての相互教育や学び合いをとおして，新しい考え方や提案を練り上げていく創造志向の学習形態である。

①　基本的な流れと企画の要件

　山内祐平らは，ワークショップのプログラムについて，効果的な学習を促すための基本的な流れと企画における要件を以下のように提示している[4]。

　基本的な流れというのは，「導入→知る活動→創る活動→まとめ」といったものである。「導入」では，趣旨説明や参加者の自己紹介，基本的な情報の共有化が行われる。ここでは，アイスブレイクといって，参加者の緊張をほぐし，参加者同士の関係を構築するための活動が重要となる。「知る活動」では，講義，資料，観察，意見交換などによって新しい情報を収集し，「創る活動」への準備を行う。「創る活動」は，ワークショップにおける中心的な位置を占め，集団または個人で新しいものを創りだす活動である。最後の「まとめ」では，創りだした成果物の発表と共有，そして活動のふり返りなどを行う。

　企画における要件とは，次のようなものである。

　第1に，「楽しさ」である。参加者にとって，ワークショップが楽しい活動であることが創造性を促す重要な要件となる。

　第2に，「葛藤と矛盾」である。努力や工夫を要する，他者との意見の相反を調整するなど，「やや困難な状況」を企画に含ませることである。

　第3に，「リフレクション」である。ワークショップの活動をふり返り，経験に意味づけを行い，学習として意識化する時間を十分にとることである。

　第4に，「実践者にとっての実験」である。ワークショップは参加者のみならず，実践する側の者にとっても「創ることで学ぶ」実践となりうるのである。

　第5に，「余白のある設計」である。企画段階では完全に予測できないことが起こりうるため，当日の運営によって柔軟に対応する姿勢が大切である。

②　ワークショップの手法例

　ワークショップを構成する集団学習の手法には，さまざまなものがある。例をあげると，ブレーンストーミング（自由に意見を出し合って新たな発想を誘発する話し合いの方法），グループ KJ 法（ラベルに自由に発想を記述し，それらを皆でグループ化しながら問題を発見したり，新しい考え方を生み出したりする方法），ロールプレイ（特定の場面—たとえば都市開発によって森の存続が危ぶまれる状況—を設定し，参加者が役割—たとえば開発業者，地元住民，森に棲むカブト虫など—を演じてそこに潜む問題を考えるための方法）などがある[5]。これらは，主に前述の「創る活動」を構成する手法として使われるものである。

（4）　アウトリーチ

　アウトリーチとは，なんらかの事情によって学習施設や教育機関での学習機会に参加できない人々のために，自宅や近隣での学習が可能となるよう個別指導，出前講座，遠隔教育などをとおして学習を可能とする支援をさす。その対象となるのは，育児・介護・家事仕事で家庭や居住地域を離れられない人，職業や社会的活動で時間的な自由度の低い人，精神的・身体的な障害のためにきめ細かな教育が必要な人，交通事情が悪くて通学が難しい居住区の人々などである。

　いっぽう，労働階級，失業者，高齢者，少数民族，あるいは学校教育を十分に受けられなかった人々，つまり社会的・経済的な不利益層に対し，アウトリーチによって特別の配慮に基づく学習支援を行うことも重要な視点である。

第3節　大学などの教育機能の開放

（1）　さまざまな開放事業

　大学をはじめとする高等教育機関（大学，短期大学，高等専門学校，大学院など）では，成人の学習ニーズが多様かつ高度になっていることを受けて，さまざまな形態で教育機能を開放している。

　正規の教育課程では，社会人特別選抜（一般の受験生とは別枠で入学を認める方法で，面接や論文を重視して科目試験を軽減することが多い），夜間・昼夜開講課程（昼夜開講とは昼と夜の両方に授業を行うこと），通信教育課程，科目等履修生（特定の科目のみを受講して単位を取得できる制度で，後述の「単位累積加算制度」を利用するときに有効となる）などがある。

　正規の教育課程でない形態としては，地域住民や一般の人々を対象とする公開講座や施設の開放（図書館，講堂，体育館など）が一般的である。生涯学習センターという名称の施設や組織をつくり，公開講座を大規模に行う大学も増えている。このほか，研究生（教員の指導のもとに特定の研究を行う），研究員（教員と共同研究を行う），聴講生（特定の科目のみを聴講する，ただし単位取得を必要とする場合は科目等履修生となる必要がある）など，それぞれの人の学習ニーズに応じて活用できる多様な制度が整っている。

　近年では，社会人などを対象とした履修証明制度も行われている。これは，高等教育機関が一定のまとまりのある学習プログラム（履修証明プログラム）を開設し，その修了者に対して学校教育法に基づく履修証明書（Certificate）を交付するものである。プログラムに公開講座や正規の授業科目を含めること，在学生を対象とする特別プログラムとして開設することも許容されている。

　高等教育機関以外でも，それぞれの学校の特性に応じた開放事業が試みられている。正規の教育課程では，多様な生徒を受け入れることを可能とするために，定時制・通信制・単位制による高等学校，公立中学校の夜間学級（通称「夜間中学」）などがある。もっとも，夜間中学は数が少ないうえ地域的に偏在しており，利用できる人はかぎられている。正規の教育課程でない事業としては，公開講座や施設開放が一般的である。これらについては，学社連携という枠組みのもとに第4章第3節で詳述する。

　以上のように，多様な開放事業が試みられているものの，学習者がそれを利用するには経済的・時間的なゆとりが必要である。とくに，正規の教育課程に通学するためには，さまざまな支援が必要となる場合が多い。たとえば，職業人の場合は有給教育休暇の制度，経済的に豊かでない人の場合は奨学金など

の学費の援助，家族がいる人の場合は家族の理解や育児・介護面での支援などが必要である。ワーク・ライフ・バランスの促進などと併せ，支援の充実化が求められる。

（2）　特色ある高等教育のしくみ

通信教育型の高等教育の特殊な形態の一つに，放送大学がある。これは，テレビやラジオを利用して在宅で受講できる大学として，1983年に設置されたものである。全科履修生として登録し，4年以上在学して所定の単位を修得すれば，通常の大学を卒業したのと同等の「学士」の学位を取得することができる。2001年には大学院（修士課程）も設置された。近年では，インターネットをとおした通信制の授業によって大学を卒業できる（つまり学士が取得できる）しくみも開発されている。

通学型の高等教育としては，都心にサテライト・キャンパスを設けて，社会人に対する高度な専門教育を提供する大学院が注目される。

いっぽう，1991年には，通常の大学を卒業しなければ学士などの学位を取得できなかった事態を改善するために学位授与機構（現在の大学改革支援・学位授与機構）が設置された。短期大学や高等専門学校の卒業者などが，一つまたは複数の4年制大学で科目等履修生制度などを利用して単位を積み上げた場合（これを「単位累積加算制度」と呼ぶ），同機構が一定の審査を経て学士を付与することができる。「単位累積加算制度」は，何年かかっても所定の単位を取得すれば学士授与の対象となるため，社会人が自分の時間的な都合に合わせて「マイペース」で学士号を取ることができるわけである[6]。

第4節　民間組織の台頭と情報社会がもたらす影響

（1）　民間組織による学習機会の提供

近年では，民間組織による学習機会の提供が活発である。

現代では，非営利の民間組織としてのNPO・NGO（コラム「NPOとボランティ

ア」参照）が，さまざまな学習機会の提供や啓発活動を行っている。NPO法人
を例にとれば，全国のNPO法人の70％がなんらかの学習会（講座・講演・ワー
クショップ・セミナー）を一般の人々に対して提供している[7]。環境，福祉，国
際協力など，それぞれの課題に応じてNPO・NGOがあり，これらが社会的な
課題を学ぶための機会をそれぞれ提供するのであれば，前述の「公益的な学
習」の機会は広がる。

　営利の民間組織（企業）としては，カルチャーセンター，スポーツクラブ，外
国語教育施設，通信教育や職業教育を提供する企業などがある。子どもを対
象とするものとして，学習塾，おけいこ教室，スポーツ教室などもこれに含ま
れる。これらの組織は「顧客」としての学習者を獲得するために，常に魅力的
な学習の場を生み出す努力をしている。

　このように，民間組織による多様な事業の提供は，人々にとっての学習の機
会を広げ，生涯学習の充実に寄与するものといってよい。ただし，営利の民間
組織である企業の場合は，あくまでも「商品」としての学習機会を，消費者で
ある学習者に「販売」する組織である。いわゆる市場原理のもとに，学習機会
の提供事業が成り立っている。したがって，経済的なゆとりのない人々，十分
な顧客が集まりそうにない地方地域の人々などは，どうしてもこれらの学習機
会から排除される可能性をもっている。こうした格差の問題をどのように考え
るか，これも生涯学習論の重要な課題である。

（2）　情報社会の影響

　情報化の進展に伴い，ICTやインターネット，テレビ，各種の印刷媒体など
を用いた学習機会の可能性は広がり，前述のように，アウトリーチにも多様な
方法を適用できるようになった。しかも，インターネット上で学習者同士が意
見交換できるという現実は，メンバーが一堂に集まらなくても集団学習に匹敵
する学習が可能となることを示している。このように，情報化の進展は私たち
の生涯学習に対し，さまざまなメリットを提供してくれる。

　ただし，メディアとの接触については以下に述べる問題点も考慮しなくては

いけない。

　私たちは通信講座のように意図的にそれを活用して学ぶだけでなく，メディアとの接触をとおして，知らず知らずのうちにいろいろなことを学んでいる。一種の「偶発的学習」（第1章第1節参照）が生じているのである。たとえば，テレビの報道番組，教養番組，場合によっては娯楽番組やCM（コマーシャル・メッセージ）からも社会や人生について学び，あるいは特定の問題に関する知識を吸収している。インターネットについても同様で，私たちはEメールやさまざまなサイトを利用するなかで，意図しないままに特定の知識や考え方を受け入れている。雑誌や新聞，さらにそこに掲載されている広告類からも，知らないうちに多くの情報を得ている。

　こうして，私たちの行動様式や価値観は，日々接触しているメディアをとおして，情報の送り手からたくさんの影響を受けているのである。メディアをとおした情報によって，人々の行動様式や価値観が一定の方向に導かれることもありうる。情報化の進展がメディアの多様化と肥大化を促すかぎり，こうした傾向はますます強まるのである。したがって，私たち一人ひとりが，メディアからの情報を批判的にとらえる視点と適切に活用できる能力を養うことが重要である。いっぽうで，「公器」としてのメディアの好ましいあり方を，常に社会全体で検討していかねばならない。

注

(1)　倉内史郎『社会教育の理論』第一法規出版，1983年。
(2)　倉内史郎「生涯学習社会の展望」倉内史郎・鈴木眞理編著『生涯学習の基礎』学文社，1998年，15-16頁。
(3)　津田英二「生涯学習の形態・方法」同上書，150-151頁。
(4)　山内祐平・森玲奈・安斎勇樹『ワークショップデザイン論―創ることで学ぶ』慶應義塾大学出版会，2013年。
(5)　ワークショップの手法については，廣瀬隆人他『生涯学習支援のための参加型学習のすすめ方〜参加から参画へ〜』（ぎょうせい，2000年）に詳しい。
(6)　大学改革支援・学位授与機構は，学位授与に関して次のような制度も備えている。大学という名称は，文部科学省による設置基準を満たして認可された教育機関にのみ与えられ，学士，修士，博士という学位はこれらの大学のみが発行できる。いっぽう，文

部科学省以外の省庁が所管する大学相当の教育施設は（大学ではなく）「大学校」と呼ばれ，上記の学位を発行することができない。そこで，大学校のそれぞれの課程を審査し，上記の学位を付与するにふさわしいと認定された課程の修了者に対し，学位を付与する制度である。

(7) 佐藤一子編『NPOの教育力—生涯学習と市民的公共性』東京大学出版会，2004年，87頁。

参考文献

高井正・中村香編著『生涯学習支援のデザイン』玉川大学出版部，2019年。

山内祐平・森玲奈・安斎勇樹『ワークショップデザイン論—創ることで学ぶ』慶應義塾大学出版会，2013年。

藤岡英雄『学習関心と行動—成人の学習に関する実証的研究』学文社，2008年。

廣瀬隆人・林義樹・澤田実・小野三津子『生涯学習支援のための参加型学習のすすめ方〜参加から参画へ〜』ぎょうせい，2000年。

山本慶裕・笹井宏益編著『メディアと生涯学習』玉川大学出版部，2000年。

PISA と PIAAC

　近年，国際的な教育調査が注目されている。経済のグローバル化や知識基盤社会への移行に伴い，各国政府は，どのような能力を育成すべきかという議論に関心を抱いている。このような関心を惹きつけ，議論をリードしている国際機関の一つに OECD（経済協力開発機構）がある。

　OECD はまず，1999 年から 2002 年にかけて「コンピテンシーの定義と選択」プロジェクト（DeSeCo）を開催し，これから必要となる人間の能力とは何かについて議論した。そして今後，鍵となるのは，複雑な需要に応じる能力であり，とりわけ①自律的に活動する力，②異質な集団で交流する力，③相互作用的に道具を用いる力，の三つであるという見解を示した（キー・コンピテンシー）。

　このような新しい能力観は，OECD による教育調査に活用され，一定の広まりを見せている。2000 年に正式に始まり 3 年ごとに実施されている PISA（Programme for International Student Assessment）は，15 歳児を対象に，読解力，数学的リテラシー，科学的リテラシーの 3 分野に関する学習到達度を測る調査である。PISA で出題される問題の特徴は，知識の有無を測るような問題形式ではなく，生活に即した場面が想定された課題があること，図表やグラフ，地図などを読み取ることが重視されていること，また自由記述での解答を求める問題が多く占められていることなどがあげられる。OECD の分析によると，日本の生徒は，3 分野において高い平均得点を維持しており，教育機会という点においても比較的平等性が確保され，社会経済的背景と得点との関係性が OECD 平均よりも弱い一方で，社会経済的水準の高い学校と低い学校間の得点差が 2003 年以降拡大する傾向にあるという。

　また OECD は，2012 年に，16 〜 65 歳までの成人を対象とする新たな調査も開始した。PIAAC（Programme for the International Assessment of Adult Competencies）と呼ばれる国際的な学習到達度調査である。これは，24 の国や地域の成人を対象に，社会生活において成人に求められる能力のうち，読解力，数的思考力，IT を活用した問題解決能力の 3 分野におけるスキルの習熟度を測定するものである。日本は，読解力および数的思考力の 2 分野において高い平均点を示したものの，IT を活用した問題解決能力においては，OECD 平均とほぼ同じという結果を残した。

　このような OECD の調査とその結果は，日本の教育政策にも次第に影響を及ぼすようになっている。　　（坂口　緑）

市民大学の新しい潮流

市民が自主的に集う学びの場は，一般に市民大学と呼ばれる。日本でも古くは大正期の自由教育運動のなかで，市民が教え合いながら高度な知識を身につける相互教育が行われてきたが，市民大学の呼称が定着したのは1980年代になってからである。1988年に行われた広島大学による調査によると，市民大学とは「地域住民の学習需要の高度化と専門化に対応するために…地域社会ベースに組織されている『中等後教育』ないし『高等教育』レベルの学級講座や学習プログラム」である[1]。

1980年代には，行政等の公共機関が主催する市民大学が各地に登場した。このときの市民大学は，専門家が市民に専門的な学問をわかりやすく教えるという形式の講座が多かった。1990年代になると，市民自身が企画・運営の中心となって学習の場を生み出していくタイプの市民大学が登場した[2]。受講生が講師になるところも多く，担い手の多くは意欲的な中高年である。

2000年代に入ると，これらのタイプの市民大学に加え，20〜30代の社会人が中心となって自主的に運営される新しいタイプの市民大学が登場してきた。2006年に創設されたシブヤ大学はその嚆矢である。2019年現在，シブヤ大学の姉妹校も9校のほか，全国には約40校の新しい市民大学があり，規模の大小は異なるものの，いくつもの新しい市民大学が日本各地で活動をしている。

新しいタイプの市民大学には次のような特徴がある。都市型であること，20〜30代の社会人が中心であること，ウェブサイトやSNSを広く活用していること，プログラムの開催場所は商店や百貨店のイベントスペース，オフィスビルなど一定ではないこと，そして，授業は授業コーディネーターが企画するということ，受講料が無料または安価であること，などである。学びの場を自分たちの手で整えるが，学びだけを目標とせず，その後もサークル活動やSNSをとおしてつながりを保ち，出会いをきっかけに別のプロジェクトを始めるといった循環に発展する場合も多い。また，参加型ワークショップの手法が用いられるなど，参加者同士のフラットな関係性が重視される。行政等の公共機関や企業とも積極的に連携をとるこのような新しい市民大学は，多忙な都市型住民の支持を集め，学びをまちづくりに結びつける重要な拠点として各地に広がっている。

（坂口　緑）

注
(1)　池田秀男編『市民大学に関する調査研究』広島大学大学教育研究センター，1993年。
(2)　田中雅文編著『社会を創る市民大学』玉川大学出版部，2000年。

コラム

NPO とボランティア

NPO は，nonprofit organization の略称である。直訳的には非営利組織であるけれども，実際には「民間の」非営利組織をさす。類似の用語として NGO (non-governmental organization）がある。こちらは政府・行政でない組織（民間組織）であるけれども，実際には「非営利の」民間組織をさす。つまり，NPO と NGO はともに民間非営利組織を意味する。NGO は，もともと国際連合が，非政府組織としての民間団体をさすために用いはじめた用語である。なお，「非営利」とは，利益をあげること自体が許されないのではなく，利益を関係者で「分配してはいけない」という意味である。

NPO には，社会貢献をめざす任意団体，特定非営利活動法人（以下，NPO 法人），公益（一般）財団法人，公益（一般）社団法人，宗教法人，学校法人など多様な非営利組織が含まれる。NPO の最広義の定義は，これらの民間非営利組織の総称である。NPO 法人のみを NPO と呼ぶ最狭義の定義もある。一般的には，社会貢献をめざす任意団体と NPO 法人を合わせて NPO と呼ぶことが多い。

いっぽう，ボランティアとは，自発性・主体性，社会性・公共性，無償性といった原則に基づく活動を行う人をさす。いわば，「自ら進んで，社会のために，報酬をあてにせず行う活動」がボラ

ンティア活動である。本人の生きがいや地域・社会の変革といった側面も重視され，自己実現，先駆性・先見性などもボランティア活動の性格として注目されている。

NPO を前述の一般的な定義の範囲（社会貢献をめざす任意団体と NPO 法人）でとらえたとき，NPO の多くはボランティアに支えられ，ボランティアの側からみれば NPO が活動の場を提供してくれるという相互の関係が成り立つ。そこでは，組織としての NPO と個人としてのボランティアのマッチングが重要である。もっとも，多くの有給職員を雇用する NPO もあるので，NPO とボランティア組織を同等視するのは正しくない。

なお，NPO には中間支援組織と呼ばれるものがある。これは，複数の NPO 同士や NPO と行政・企業・大学などとの間をつなぎ，中立的な立場でそれぞれの活動を支援する組織である。NPO とほかの組織との協働において，中間支援組織の果たす期待は大きい。

（田中　雅文）

注
NPO についての基礎的な学習のためには，山内直人『NPO 入門』（日本経済新聞出版社，2004 年）がわかりやすい。

第 4 章　学校教育と生涯学習

　学校教育にかかわる人々（児童および生徒，教職員，保護者，地域住民など）にとって，現在の学校とはどのような生涯学習の場であり，またどのような役割を期待されているのだろうか。本章では，これらの側面から学校教育と生涯学習との関係を考える。なお，第 2 ～ 4 節では，主に初等・中等教育を中心に検討する。

第 1 節　生涯学習からみた学校教育の位置づけ

（1）　生涯学習時代における学校観―「学び方を学ぶ」場―

　今から 約 60 年前，すでにポール・ラングラン（Lengrand, P.）が指摘したように，「人は，ここ 10 年ごとに，以前の解釈ではもはやこと足りなくなるほどの大変化を呈するような，物的，知的，道徳的世界に対面させられている」のである[1]。学校という空間のみに目を転じてみても，時代の価値観に対応した教育内容や教育経営の実施[2]，日進月歩に高度化する技術革新を取り入れた教育，そこで働く教職員にとっての労働環境の変化[3]，外国人児童生徒の増加に如実に現われている国際化社会への変化などがみられる。このように学校という教育現場でさえも，さまざまな変化の波が次から次へと押し寄せていることが顕著である。

　いっぽう，われわれ日本人の平均寿命は，現在 90 歳に迫る勢いで延び続けている。人生 100 年時代の到来といわれる現在，仮に人生 100 年として一生を 20 年ずつに 5 等分してみよう。そうすると，多くの人々が人生の最初の 5 分の 1 を，否応なしに初等・中等教育を中心として，学校教育との関連のなかで生きていることが明白である。

　人生 100 年という長寿社会を，時代とともに移りゆくさまざまな世界と対峙していきながら生き抜くためには，人生の最初 5 分の 1 の段階に経験する学校教育から得られる知識や技術のみだけでは，到底対処していくことはできないであろう。人々の教育とは，学校という枠組みのなかだけで完成されるものではなく，いつでも，どこでも，必要に応じてアクセス可能なものであり，生涯にわたる営為としてとらえるべきものである。

　このような教育のとらえ方は，OECD（経済協力開発機構）が 1970 年代に提唱したリカレント教育に踏襲されている。生涯教育の一形態であるリカレント教育は，学校教育を終えて，労働市場に参入した者が，必要に応じて再び学校教育を受けることを保障した考え方である（第 2 章参照）。OECD によるリカレント教育の提唱は，学校で受ける教育を，従来のように人生の早い段階のみに閉じ込めてしまうような制度に，見直しを図るものであった。

　教育を生涯にわたった営為としてとらえる発想，いわゆる生涯教育の考え方，および労働を中心とした人生の諸活動（余暇や退職など）と教育とを連動させながらとらえるリカレント教育の考え方は，人生の初期の段階で経験する学校教育（初等・中等教育）の位置づけを，自ずと大きく転換させた。つまり，教育を完成させる場としての学校観から，生涯にわたって必要不可欠な学習の「学び方を学ぶ場」としての学校観へと，学校のとらえ方を大きく転換させる契機となった。

　このように，児童および生徒が，学校を卒業しても自らの力で学習を継続および実践していくためには，その基本となる知識や技術はもとより，学習意欲を維持していくような態度も含めた学習方法を習得すること，すなわち「学び方を学ぶ」ことが，現在の学校教育には求められている。

（2）　学校中心の教育体系から生涯学習体系へ

　生涯学習の考え方が日本の教育制度のなかにどのように位置づいているのかについて確認するために，1980 年以降の主な国の答申や法令を，学校教育との関連から整理してみよう。

①　臨時教育審議会

　臨時教育審議会は，第２次中曽根内閣において，首相の諮問機関として1984（昭和59）年に設置され，1987（昭和62）年までの４年の間，４次にわたる答申を出している。

　その第一次答申で，教育改革の視点の一つとして「生涯学習体系への移行」が位置づけられた。最終答申である第四次答申（1987年）では，この「生涯学習体系への移行」について，「我が国が今後，社会の変化に主体的に対応し，活力ある社会を築いていくためには，学歴社会の弊害を是正するとともに，学習意欲の新たな高まりと多様な教育サービス教育体系の登場，科学技術の進展などに伴う新たな学習需要の高まりにこたえ，学校中心の考え方を改め，生涯学習体系への移行を主軸とする教育体系の総合的再編成を図っていかなければならない」とまとめている。さらには，「これからの学習は，学校教育の基盤の上に各人の自発的意思に基づき，必要に応じて，自己に適した手段・方法を自らの責任において自由に選択し，生涯を通じて行われるべきものである」という前提のもと，「生涯学習体系への移行」の具体的方策として，「学歴社会の弊害の是正と評価の多元化」，「家庭・学校・社会の諸機能の活性化と連携」をあげている。

　臨時教育審議会の最終答申から３年後の1990（平成2）年には，「生涯学習の振興のための施策の推進体制等の整備に関する法律」（生涯学習振興法）が公布および施行され，国をあげて生涯学習を推進するための整備が図られることとなった。

②　中央教育審議会答申

　文部科学大臣の諮問機関である中央教育審議会の答申「生涯学習の基盤整備について」（1990年）では，「最も組織的・体系的に学習の機会を提供しているのは学校」であるという認識のもと，生涯学習の支援体系である生涯学習体系（第1章参照）において学校に求められる役割を，次の２点に集約している。

　第1は，人々の生涯学習の基礎を培うことである。このことはとりわけ小

学校，中学校や幼稚園の段階で重要である。

　生涯学習の基礎を培うためには，基礎的・基本的な内容を精選するとともに自ら学ぶ意欲と態度を養うことが肝要である。1989（平成元）年3月に行われた学習指導要領の改訂においても，これらの観点がとくに重視されている。

　第2は，地域の人々に対してさまざまな学習機会を提供することである。このことはとりわけ大学・短期大学，高等専門学校，高等学校や専修学校に対して要請されている。

　このような要請に応じて今日では，社会人を受け入れたり各種の公開講座を開催するとともに，図書館や体育館，運動場等の施設を地域の人々の利用に供する動きが広まりつつある。

　この翌年（1991年）の答申「新しい時代に対応する教育の諸制度の改革について」では，生涯学習体系において学校に求められる役割について，次のように述べている。それは，① 児童および生徒にとっての生涯学習の基礎を培うこと，そして，② 地域住民にとって，学校そのものが生涯学習機関としての機能を果たすことの2点である。

③ 教育基本法の改正

　2006（平成18）年12月に教育基本法の改正が公布および施行された際，「生涯学習の理念」が，新たにその第3条に盛り込まれた。この第3条では，「国民一人一人が，自己の人格を磨き，豊かな人生を送ることができるよう，その生涯にわたって，あらゆる機会に，あらゆる場所において学習することができ，その成果を適切に生かすことのできる社会の実現が図られなければならない」と規定されている（第1章参照）。

　すでに述べたように，この規定にみられるような生涯学習の理念，つまり「教育という営為を，学校教育の枠組みの中に閉じ込めようとせずに，生涯にわたった営為として捉える考え方」は，1971（昭和46）年の社会教育審議会答申を契機に議論されはじめ，臨時教育審議会で本格的に提唱されたものであった。

第2節　生涯学習の基礎を培う学校教育
─子どもの「生きる力」を育む学校教育─

（1）　子どもの「生きる力」「学びに向かう力」を育む学校教育

　「生きる力」について，2020年度から小学校で完全実施された現行の学習指導要領の総則の部分に，「学校の教育活動を進めるに当たっては，各学校において，主体的・対話的で深い学びの実現に向けた授業改善を通して，創意工夫を生かした特色ある教育活動を展開する中で，児童に生きる力を育むことを目指すものとする」とある。また，「豊かな創造性を備え持続可能な社会の創り手となることが期待される児童に，生きる力を育むことを目指すに当たっては，学校教育全体並びに各教科，道徳科，外国語活動，総合的な学習の時間及び特別活動の指導を通してどのような資質・能力の育成を目指すのかを明確にしながら，教育活動の充実を図るものとする」とある。その際，児童の発達の段階や特性等を踏まえつつ，基本的な知識や技能の定着化を前提として，思考力，判断力，表現力等を育成し，「学びに向かう力」や人間性を涵養すること等の重要性が掲げられている。児童生徒が自ら学習課題を発見し，その解決策を導き出すために自発的に考え行動する「生きる力」について，学校教育を通じて人生の早い段階のうちに培うことが必要であるとされている。

　いっぽう，2018（平成30）年6月に閣議決定された第3期教育振興基本計画では，一生涯を豊かに生きるための若年期における教育の重点事項として，「知識・技能・思考力・判断力・表現力等，学びに向かう力・人間性の涵養といった資質・能力を身につけることに加え，人生100年時代をより豊かに生きるため，生涯にわたって自ら学習し，自己の能力を高め，働くことや，地域や社会の課題解決のための活動につなげていくことの必要性」について提言された。

　児童生徒の「生きる力」の修得に向けて，学校教育には，児童生徒が学校卒業後も変動の激しい時代を生き抜き，豊かな人生を歩んでいくために必要な学習活動，つまり，学んだことを「働くことや社会課題解決の活動につなげること」を習得するための学習方法の工夫が求められている。

(2)　キャリア教育を重要視した学校教育

　児童生徒の「生きる力」「学びに向かう力」の涵養に向けて，児童生徒の職業観・勤労観を養うことや，社会のなかで自己を表現する力やコミュニケーション能力や課題解決型の能力の獲得が，喫緊の教育的課題の一つとなっていることから，現行の学習指導要領においてキャリア教育が一層注目されている。

　実際の学校現場におけるキャリア教育は，職場見学や職業人の講話を聴くなどの一過性の活動とするのではなく，児童生徒が「働くこと」を中心としながら，積極性および多様性に富んだ生き方を学ぶことがめざされている。このキャリア教育を実施する教師を職業人としてみた場合，たしかに教師はその職業には精通しているかもしれないが，ほかの職業の情報を子どもに的確に伝えることができるかというと，必ずしもそうではないであろう。また，多様性に富んだ生き方を子どもに理解させるには，教師が中心となって教室の中で行われる授業よりも，さまざまな職業に従事した大人の働く姿や，学習とともに人生を豊かに歩んでいる大人の姿に，子どもが実際にふれるほうが有効であろう。こうした現代的なテーマを扱うカリキュラムを開発および実施していくため，学校は地域社会の有する教育資源を学校教育のなかに効果的に取り入れるような営み，つまり「学社連携」（本章第3節で詳述）を鍵とした教育活動を展開していくことが，今こそ求められているといっても過言ではない。

　いかにして学校が児童生徒に対し，質的・量的かつ多様性に富んだ奉仕・体験活動の機会を提供できるかという課題は，その活動を推進するための体制を整備することにかかっている。こうした体制を整備するためには，上述のように学校内の教育資源のみではなく，そこに地域社会の有する教育資源を効果的に結びつけていく創意工夫（学社連携のしくみづくり）が必須である。

第3節　学社連携
—学校と社会との協働による「学び」の創造—

　学社連携とは，その字義のとおり，学校と社会が「学び」の場を創造するために連携することである。狭義には学校教育と社会教育との連携を，広義には学校と社会教育を含んだ地域社会との連携を，学社連携と呼ぶ。学校と地域社会との連携は，地域社会側が学校教育の充実や改善に取り組むため，または，学校側が地域住民の生涯学習のニーズに対応するために，両者の有する教育資源を相互に提供しあいながら行われる。

　実際には，一言で学社連携といっても，さまざまな両者の連携のありようがある。そこで本節では，地域社会側および学校側が各々の有する教育資源をどのように提供しながら「学び」の場を創造しているのか，(1) 学校から地域社会への支援，(2) 地域社会から学校への支援，(3) 学校と地域社会との双方向的な支援の三つに整理したうえで述べていく。

(1)　学校から地域社会（社会教育）への支援

　「学校から地域社会への支援」には，学校施設の開放や学校公開講座といった，いわゆる学校開放がある。この学校開放は，次のような法的根拠に基づいて実施されている。

　まず，学校施設に関するものには，「学校教育上支障のない限り，学校には，社会教育に関する施設を附置し，又は学校の施設を社会教育その他公共のために利用させることができる」（学校教育法 85 条）や，「学校の管理機関は，学校教育上支障のないと認める限り，その管理する学校の施設を社会教育のために利用に供するように努めなければならない」（社会教育法 44 条）がある。また，スポーツ基本法 13 条にも「学校教育法 2 条 2 項に規定する国立学校及び公立学校の設置者は，その設置する学校の教育に支障のない限り，当該学校のスポーツ施設を一般のスポーツのための利用に供するように努めなければならない」と明記されている。学校公開講座に関するものには，「社会学級講座は，

成人の一般的教養に関し，小学校または中学校において開設する」（社会教育法第 48 条）がある。

こうした法的根拠をふまえると，学校開放には，① 学校施設や設備を地域住民の「学び」に資するために開放する物的支援の側面，② 社会学級講座のように，教員が地域住民が受講する各種講座のプログラムの作成過程に企画者・コーディネーター・講師として協力する人的支援の側面がある。

さらに，現在では学校開放として，災害をはじめとした非常時における地域の避難所や，子どもの放課後の居場所としての役割が求められている。子どもの放課後の安心安全な居場所としての学校施設の役割は，2018 年に策定された「新・放課後子ども総合プラン」のなかで，「全ての小学校区で，放課後児童クラブと放課後子供教室を一体的に又は連携して実施し，うち小学校内で一体型として 1 万箇所以上で実施することを目指す」という目標が掲げられており，その実施場所には「学校施設を徹底的に活用する」こととし，2019 ～ 2023 年の間に「新たに開設する放課後児童クラブの約 80％を小学校内で実施することを目指す」としている。

(2)　地域社会から学校への支援

ここでは，「社会教育施設から学校への支援」と「地域から学校への支援」とに分けて，その内容を整理してみよう。

①　社会教育施設から学校への支援

「社会教育施設から学校への支援」としては，公民館や図書館および博物館・美術館などの社会教育施設での校外授業（調べ学習や見学学習）の実施，博物館の展示資料を学校に陳列する学校移動博物館などがある。

社会教育施設を活用した校外授業を実施する教員は，授業をスムーズに実施し，その内容の充実を図るために，社会教育施設の専門職員との情報交換を常日頃から行う必要がある。たとえば，博物館で校外授業を実施する場合，教員と学芸員との連携が構築されていれば，次のような利点がある。学芸員が展示のコンセプトを立案する段階から，社会科や理科などの各教科の学習指導

要領と展示内容との関連を図ることも可能であるし，授業の一部を学芸員が担当することもできよう。こうした場合，「社会教育施設から学校への支援」は，単なる施設利用や物品の貸し出しとしての物的支援にとどまらず，人的支援も含まれたものになる。

② 地域から学校への支援―学校支援ボランティア―

「地域から学校への支援」には，個々の住民や住民組織，地域の企業等による学校教育活動への支援があげられる。たとえば，登下校時の見守り活動や交通安全パトロール，学校施設の環境整備活動，地域の企業や農地などを学校教育のために開放する取り組みなどがある。また，さまざまな分野に長けた地域住民，いわゆるコミュニティ・タレントたちが，その豊かな経験に基づく知識や技能を活かして，学校へ足を運びゲスト・ティーチャーとしての役割を担うものもある。

このような「地域住民から学校への支援」は，「学校支援ボランティア」による活動と呼ぶことができる。「学校支援ボランティア」とは，ボランティアよりも学校支援に重きのおかれた概念である。この概念とは，次の三つの視点を含んだものとしてとらえることができる。すなわち，① 学校支援ボランティアを学校教育の充実に矮小化することなく，保護者や住民が教育責任を分担し得る能力をもって参画する契機とする視点，② ボランティア自身の成長や発達といった視点，③ ボランティアの主体性の視点の三つである[4]。

（3） 学校と地域社会との双方向的な支援―協働関係―

上述の学校支援ボランティアの概念における三つの視点が網羅された状態は，単に学校を「支援」する活動ではなく，学校とボランティアとの「協働」関係であるとみなされる。このような「協働」関係を重視した取り組みに，地域学校協働活動があげられる（第4節において詳述）。

近年では，子どもの育成をめぐって独自のミッションをもち，学校や塾とはまた違った側面からの教育機能を発揮しているNPO（民間非営利組織）が，学校支援を活発に行っている。たとえば，教職の性質上，現在勤務する学校

周辺の歴史や文化に必ずしも精通しているとはいえない教員が，地域の歴史や文化に関する教育を実施する場合，こうした授業の設計および実施に要する教員の時間と労力は計り知れないものがあるが，このような場合に地域文化の保存や創造活動に取り組む NPO と教員が連携して，授業の設計段階からNPO に深く関与してもらい，NPO の有する知識や技術を，こうした教育の一部代替的な機能として発揮してもらう事例が多数みられる。こうした事例では，NPO が児童生徒のために現場感覚の伴った授業を実践し，自分たちの開発した学習プログラムが学校現場で活用されることを通じて，次世代を担う子どもへの教育事業に深く関与することのできる格好の機会を得ている。また，こうした機会は，NPO 活動に取り組む人々の成長や発達を促す生涯学習の機会としてもとらえることができよう。

　要するに，このような両者の連携のあり方とは，地域から学校への一方向的な支援関係ではなく，両者の相乗的な発達をもたらす双方向的関係，すなわち協働関係としてみなされるものである。

第4節　「開かれた学校づくり」「社会に開かれた教育課程」の実際
―子どもを支える地域住民の学びの実践―

　学社連携の体制を整備するためには，その前提として学校自体が外部に開かれたものでなければならない。つまり，「開かれた学校づくり」「社会に開かれた教育課程」の実現が急務となっている。

　そもそもこの「開かれた学校づくり」とは，1987（昭和62）年に臨時教育審議会の第三次答申において，その構想が提言された。そして1989（平成元）年には，小中高校の学習指導要領の総則の最後部に，「開かれた学校づくりを進めるため，地域や学校の実態等に応じ，家庭や地域の人々の協力を得るなど家庭や地域社会との連携を深めること。また小学校間や幼稚園，中学校及び特別支援学校などとの間の連携や交流を図るとともに，障害のある幼児児童生徒や高齢者などとの交流の機会を設けること」（小学校学習指導要領総則）と加えら

れた。

　他方，現行の学習指導要領の特色の一つとして位置づけられる「社会に開かれた教育課程」は，中教審教育課程企画特別部会によると「教育課程の実施にあたって，地域の人的・物的資源を活用したり，放課後や土曜日等を活用した社会教育との連携を図ったりし，学校教育を学校内に閉じずに，その目指すところを社会と共有・連携しながら実現させること」である。

　このような「開かれた学校づくり」「社会に開かれた教育課程」の実現に向けて，学校教育現場の機能を柔軟に学校外に開かれたものとするため，保護者や地域住民との連携をいっそう図るための施策が，さまざま講じられている。以下では，そのための施策として実践されていると同時に，保護者や地域住民の学びの機会となっているものについて，いくつか事例をあげてみよう。

①　コミュニティ・スクール―学校経営への参画―

　コミュニティ・スクール（地域運営学校）とは，保護者や地域住民が一定の権限と責任を教育委員会や学校と分かち合い，学校運営に参画することによって，家庭や地域のニーズを反映させた教育経営の実現に取り組む学校のことである。2004（平成16年），「地方教育行政の組織及び運営に関する法律」の一部改正によって，「地域の住民や保護者のニーズを学校運営により一層的に反映させる仕組み」として，学校運営協議会の設置が可能となった。

　この学校運営協議会制度のもと，保護者や地域住民が学校経営に参画する取り組みは，単に保護者や地域住民が一方的に学校教育経営を支援するものではなく，彼らの生涯学習としての側面を有するものとしてとらえられる。

　たとえば，学校運営協議会の委員を対象とした質問紙調査[5]において，「学校運営協議会の委員になって，よかったこと」を自由記述式で問うた設問の回答結果には，次のようなものがある。「地域に住む者として，少しではあるが学校を通して地域貢献できているかなと思うこと」「地域の中で子どもが育っていることの実感と，そのために協力しようとする心の強化ができたこと」などにみられるような「地域貢献」の視点，「学校の様子がわかり，教育の未来を考えることの意義とそれに関わることの喜びの実感がわいた」や「最近は，

近所のおばさんでも‘知らない’と声をかけたら不審に思われて，話す事もできないのに，委員ということで，小学生と話をしたり，いっしょに行動することができて，私自身が楽しい」「教職員と教育について語り合えること」「地域の子どもとふれあうことにより，自分が変り，学校との連携ができたこと」などにみられるような「自己実現」や活動そのものに対する「喜び」の視点である[6]。

② 地域学校協働活動

　地域学校協働活動とは，地域の高齢者，成人，学生，保護者，PTA，NPO，民間企業，団体・機関等の幅広い地域住民などの参画を得て，地域全体で子どもたちの学びや成長を支えるとともに，学校を核とした地域づくりをめざして，地域と学校が相互にパートナーとして連携・協働して行う活動である。

　2015（平成27）年12月の中教審答申（地域と学校の連携・協働）を受け，地方教育行政の組織及び運営に関する法律が改正され，上述の学校運営協議会の設置が努力義務化された。この学校運営協議会で協議した内容を具現化していくための仕組みとして地域学校協働活動を推進し，学校を核とした地域づくりを展開していくために，2017（平成29）年には社会教育法が改正され，同活動に関する連携協力体制の整備や「地域学校協働活動推進員」に関する規定が整備された。この地域学校協働活動推進員は，地域の多様な学校支援ボランティアと学校をつなぐ役割を担い，学校運営協議会の設置されている学校では，多くの場合において学校運営協議会委員を兼任している。

　そもそも地域学校協働活動とは，学校・家庭・地域住民が一体となって地域の教育力を向上させるために，国が2008（平成20）年から3年間実施した学校支援地域本部事業を発展させたものである。2006（平成18）年に改正された教育基本法13条において，「学校，家庭及び地域住民等の相互連携協力」の重要性が改めて規定されたことを受け，地域ぐるみで子どもの教育を支援する「学校の応援団」として，この事業が実施された。地域学校協働活動とは，この学校支援地域本部事業の「支援」という用語を「協働」としたところに，その意義を見いだすことができる。このように本活動を「支援」から「協働」に

昇華させるためには，同活動を地域から学校への一方向的な支援活動や「教員の働き方改革」を推進する一方策に終始しないよう，活動者の生涯学習における学びの視点や，同活動自体に地域づくりの視点が含まれたものとすることが不可欠である。たとえば，地域学校協働活動のなかに，日ごろ学校に対して惜しみない協力を行うボランティアを対象とした交流や娯楽，学びのためのイベントや各種の講座，地域の祭りやイベントの活性化につながる活動，地域防災のための活動を含めることがあげられる。

こうした「学校，家庭，地域住民の連携」によって行う地域学校協働活動に，社会教育行政が積極的にかかわっていくことが求められている。

以上に述べたように，学校は当然ながら児童生徒のための教育施設であると同時に，地域住民にとっての「学びの拠点」であるといっても過言ではないであろう。今後，開かれた学校づくりの進展とともに，学校をとりまくさまざまな地域住民層が，児童生徒の教育活動に協力する機会や，学校を拠点とした生涯学習活動を行う機会は，ますます増えていくことであろう。こうしたなか，学校と地域社会との双方向的な支援関係を構築し，地域の「協働」の拠点としての役割が，学校にはなお一層期待されている。

注
(1) ラングラン，P.／波多野完治訳『生涯教育入門（第1部）』全日本社会教育連合会，1971年，16頁。
(2) 1990年代後半以降に実施された教育改革事項には，たとえば，学校選択制，学校評議員制度，学校運営協議会制度，中高一貫教育の取り組みなどがある。
(3) 2006（平成18）年7月に中教審答申で提言された教員免許更新制の導入によって，教員免許状の有効期限が一律10年となった。また現行の学習指導要領では，プログラミング教育や小学校における英語科の導入などがあり，教員が受講する研修の機会が増大している。
(4) 廣瀬隆人「学校支援ボランティアの概念の検討」『宇都宮大学生涯学習教育研究センター研究報告』第10・11合併号，2003年，25-34頁。
(5) コミュニティ・スクール研究会（2012）『コミュニティ・スクールの推進に関する教育委員会及び学校における取組の成果検証に係る調査研究報告書（別冊）』日本大学文理学部発行に，質問紙調査の自由記述回答の結果がまとめられている。

⑹ 柴田彩千子「生涯学習社会における学校支援の取り組み」佐藤晴雄・望月厚志・柴
　田彩千子『生涯学習と学習社会の創造』学文社，2013 年，133 頁。

⑺ 文部科学省（http://manabi-mirai.mext.go.jp/headquarters.html）

参考文献
佐藤晴雄・望月厚志・柴田彩千子『生涯学習と学習社会の創造』学文社，2013 年。
柴田彩千子『地域の教育力を育てる』学文社，2014 年。
田中雅文・廣瀬隆人編著『ボランティア活動をデザインする』学文社，2013 年。

キャリア教育とインターンシップ

　キャリア教育とは「一人一人の社会的・職業的自立に向け，必要な基盤となる能力や態度を育てることを通して，キャリア発達を促す教育」である。学校教育において「キャリア教育」という教科は存在せず，さまざまな教育活動を通して，学習者の社会的・職業的自立をめざして行われるものである。「一定又は特定の職業に従事するために必要な知識，技能，能力や態度を育てる」職業教育とは区別される（中央教育審議会答申「今後の学校におけるキャリア教育・職業教育の在り方について」2011 年）。なお，日本において，キャリア教育という言葉が公の文書に登場し，その推進が提唱されるようになったのは 1999 年である。

　そもそも，キャリアとは何か。キャリア教育の推進において影響力を与えた文部科学省「キャリア教育に関する総合的調査研究者会議」の報告書（2004）では，「個々人が生涯にわたって遂行する様々な立場や役割の連鎖及びその過程における自己と働くこととの関係付けや価値付けの累積」と定義されている。なお，ここでいう「働くこと」とは，職業生活だけでなく，家庭や学校，地域社会などにおいてさまざまな役割を担い遂行する活動を意味する。同報告書は，キャリア教育として身につける力を「基礎的・汎用的能力」とし，「人間関係形成・社会形成能力」「自己理解・自己管理能力」「課題対応能力」「キャリアプランニング能力」の 4 領域により構成されるとしている。

　グローバル化に伴う就業環境の変化など，社会が急速に変化している今日，キャリア教育への注目，期待は高まりを見せている。ゲストスピーカーによる講話，職場訪問・見学，職場体験，インターンシップなどの体験活動とキャリア・カウンセリング，日々の教科などの教育活動とを関連づけながら幅広く展開されている。

　近年，大学教育におけるキャリア教育として注目されているのがインターンシップである。インターンシップとは，一定期間大学を離れ，企業や官公庁，NPO などにおいて，「見習い」として仕事を体験するもので，海外で行うものもある。正規のカリキュラムとして位置づけている大学も少なくない（いわゆる単位化）。近ごろは，グループごとに商品やサービスの開発をし，プレゼンテーションを行う，いわば提案型のインターンシップも存在する。さらには，採用活動に位置づける企業，報酬を支払う企業も出始めている。　　　（宮地　孝宣）

第5章　社会教育の制度

　本章では，生涯学習を推進・振興するうえで重要な役割を担うことが期待されている社会教育の制度について概観する。

第1節　社会教育とは何か

（1）　社会教育とは何か

　社会教育とは何か，広義には「学校教育および家庭教育を除く」教育の営みとされる。学校教育，家庭教育以外ということになるので，公民館の各種講座，カルチャーセンターや英会話教室などの民間の教育産業，NPO による講演会や学習会，さらには，企業における職業訓練など，その範囲は多岐にわたる。ただし，民間の教育産業などは自分たちが社会教育の事業を行っているという自覚はほとんどないようである。

　狭義には，行政によって営まれるものをさすこともある。社会教育行政は，教育行政の一部であり，市町村（特別区含む）および都道府県に行政委員会として設置される教育委員会がその執行機関となる。教育委員会の事務を行うために事務局がおかれる。教育委員会の設置など地方公共団体における教育行政の組織や運営を定めた「地方教育行政の組織及び運営に関する法律」（以下，地教行法）は，第23条において教育委員会の職務権限を規定している。社会教育に関しては，「青少年教育，女性教育及び公民館の事業その他社会教育に関すること」「スポーツに関すること」が教育委員会の職務権限として規定されている。

　いっぽう，地方自治法第180条の2において規定されている補助執行，委任

の制度により，教育委員会の権限に属する事務の一部をいわゆる首長部局の職員や行政の機関の長に委任したり，職員に補助執行させたりすることができる。社会教育に関する事務にも適用することができ，島根県出雲市など一部の市町村において進められてきた。なお，地教行法（第 24 条の 2）においても，地方公共団体の長が，スポーツに関すること（学校における体育に関することを除く），文化に関すること（文化財の保護に関することを除く）に関する事務を管理・執行することを可能とする「職務権限の特例」を認めている。

　さらに，2018 年末に，中央教育審議会は，公立社会教育施設の所管を地方公共団体の長とすることができる特例を設けることを認める方針を打ち出した。翌 2019 年 6 月に地教行法，社会教育法，図書館法，博物館法が改正され，公立社会教育施設（公民館，図書館，博物館）の所管を首長部局に移管することを可能とする特例が認められた。ただし，条例制定時には，教育委員会の意見を聞くなど担保措置を講ずることが法律に規定されている。

　教育基本法は，第 12 条で「個人の要望や社会の要請にこたえ，社会において行われる教育は，国及び地方公共団体によって奨励されなければならない」とし，社会教育を奨励している。さらに第 2 項では「2 国及び地方公共団体は，図書館，博物館，公民館その他の社会教育施設の設置，学校の施設の利用，学習の機会及び情報の提供その他の適当な方法によって社会教育の振興に努めなければならない」と，社会教育の振興における，国および地方公共団体の役割をうたっている。社会教育は，「個人の要望」と「社会の要請」の両面にこたえるための教育であることを示しつつ，国，地方公共団体が社会教育の振興（環境の醸成）に努めるというのが同法の基本的な考え方である。

　教育基本法の精神に則り，社会教育に関する国および地方公共団体の任務を示しているのが「社会教育法」である。社会教育法は，1949 年に施行され，これまで幾度か改正され，現在にいたっている（表 5-1）。

　第 2 条では，社会教育が定義されている。しかし，同定義は，「この法律で」とあるように，社会教育そのものの定義をしているのではなく，社会教育に関する国および地方公共団体の任務を示し，同法の及ぶ範囲を示している。

表5-1　主な社会教育法の改正

昭和 26（1951）年 社会教育主事及び社会教育主事補を規定 （「社会教育主事講習規程」（文部省令第 12 号）制定） 昭和 34（1959）年 市町村教育委員会に社会教育主事及び社会教育主事補の必置，社会教育関係団体に対する国及び地方公共団体の補助などを規定 平成 11（1999）年 青年学級に関する規定，社会教育委員の構成・委嘱手続きに係る規定の廃止，公民館運営審議会必置規定の廃止など

社会教育法　第 2 条

　この法律で「社会教育」とは，学校教育法（昭和 22 年法律第 26 号）又は就学前の子どもに関する教育，保育等の総合的な提供の推進に関する法律（平成 18 年法律第 77 号）に基き，学校の教育課程として行われる教育活動を除き，主として青少年及び成人に対して行われる組織的な教育活動（体育及びレクリエーションの活動を含む。）をいう。

　また，第 3 条では国および地方公共団体の任務，第 5 条では市町村の教育委員会の事務が示されている。第 3 条では，「社会教育の奨励に必要な施設の設置及び運営，集会の開催，資料の作製，頒布その他の方法により，すべての国民があらゆる機会，あらゆる場所を利用して，自ら実際生活に即する文化的教養を高め得るような環境を醸成するように努め」るとし，年齢や職業などに関係なくすべての国民の学習を支援することをうたっている。社会教育があらゆる機会や場所，そして，生涯にわたって営まれるよう，環境醸成を行うのが社会教育行政の役割であり，まさに「いつでも，どこでも，だれでも」の生涯学習の理念を具現化することにつながるものである。さらに，第 2 項では，多様化する学習需要に対する必要な学習機会の提供と奨励，第 3 項では，学校教育との連携，家庭教育の向上，学校，家庭及び地域住民その他の関係者相互の連携・協力の促進などをうたっている。

(2) 市町村教育委員会の役割

第5条では，市町村（東京都特別区を含む，以下同様）の教育委員会の事務を定めているが，これらの事務は市町村教育委員会の義務ではなく，必要に応じ，予算の範囲内において行うものとされている。なお，家庭教育に関すること（第7項），青少年の体験活動に関すること（第14項）については，近年の青少年の体験不足，家庭の教育力の低下などを考慮し，2001（平成13）年の改正で追加された条項である。さらに2008（平成20）年の改正では，情報化の進展への対応（第10項），放課後や学校休業日における児童・生徒への学習機会の提供（第13項），学習成果の活用（第15項），社会教育に関する情報の収集，整理，提供（第16項）が追加された。

同条には市町村の教育委員会の事務として，19項目が示されている（巻末資料参照）。その内容は実に広範囲で多岐にわたっており，地域の実情に応じて，地域のさまざまな課題に対応するために必要な事業を展開する役割がある。

(3) 社会教育の沿革

第二次世界大戦以前のわが国の社会教育は，「通俗教育」という名のもとに，義務教育の補完的な役割を担うかたちで制度化された（1885年）。その後，1921（大正10）年には，「通俗教育」は「社会教育」へと改められ，2年後の1923（大正12）年に文部省改組により「社会教育課」が創設，1925（大正14）年に「社会教育主事」の設置が制度化されるなど，徐々に公的な社会教育がかたちづくられていった。1929（昭和4）年には，文部省に「社会教育局」が創設されたが，この頃からとくに，国民教化，思想善導へ向けて，社会教育がその役割の一翼を担うようになったともいわれている。

戦後は，日本国憲法，教育基本法の精神に則り，1949（昭和24）年に社会教育法，1950（昭和25）年に図書館法，1951（昭和26）年に博物館法，1953（昭和28）年に青年学級振興法（1999年に廃止）が制定されるなど，社会教育の法・体制が整備されていった。戦後の社会教育は，公民館，図書館，博物館などの公立の社会教育施設を中心にした住民の自主的な社会教育活動を奨励する

手法により推進された。

　とくに，社会教育法により設置されることになった公民館（詳細は後述）は地域社会の教育施設として多大な役割を果たしてきた。1946（昭和21）年に出された文部次官通牒「公民館の設置運営について」は，当時の文部省の担当者であった寺中作雄の名を取って，「寺中構想」とも呼ばれる。同通牒は，公民館に対する戦後復興，民主主義の推進に向けた期待が示されている。そのことは「公民館運営上の方針」からも見てとれよう。

公民館運営上の方針

(1)　町村民が相集って教え合い導き合い互の教養文化を高める為の民主的な社会教育機関

(2)　公民館は同時に町村民の親睦交流を深め，相互の協力和合を培い，以て町村自治向上の基礎となるべき社交機関

(3)　公民館は亦町村民の教養文化を基礎として郷土産業活動を振い興す原動力となる機関

(4)　公民館は謂はゞ町村民の民主主義的な訓練の実習所

(5)　公民館は又中央の文化と地方の文化とが接触交流する場所

(6)　公民館は全町村民のものであり，全町村民を対象として活動するもの（特に青年層の積極的な参加が望ましい）

(7)　公民館は郷土振興の基礎を作る機関

　このように当時公民館には，単なる学校教育，家庭教育以外の教育という社会教育の領域論を超えた，地域住民の自治の向上，民主主義の学習，産業，文化，郷土の振興を支える役割が期待されていた。この考えは，現在の社会教育にも引継がれるものである。

　また，戦後の変化する社会への対応策として，勤労青少年を対象とした青年学級や女性の自立や社会参加を促すための婦人学級など，社会教育行政を中心として時代に合ったさまざまな事業が展開されてきた。

　このような流れのなかで，社会教育は行政が実施するものを範疇と考える傾向が強くなったことは否めない。生涯教育の概念が取り入れられた1971（昭和

46) 年の社会教育審議会答申「急激な社会構造の変化に対処する社会教育の
あり方について」では，そういった傾向に対し社会教育は広く社会全体のさま
ざまな教育活動を表す概念としてとらえるよう促すとともに，生涯教育の観点
から，家庭教育，学校教育，社会教育の3者の有機的統合，連携を提唱した。

　その後も，中央教育審議会答申，臨時教育審議会に代表される一連の教育
改革の提言のなかで，社会教育は重要な役割を期待され続けてきた（第1章参
照）。1988（昭和63）年には，文部省（当時）社会教育局を生涯学習局とし筆頭
局とした（現在は生涯学習政策局を経て総合教育政策局）。これには，都道府県・
市区町村行政も追随し，多くの地方自治体が，「社会教育課」から「生涯学習
課」あるいは「生涯学習推進課」などと組織改組を行った。このようななか，
単なる行政組織の名称変更としてとらえられたり，「社会教育が生涯学習に変
わった」という短絡的な誤解が生じたりすることも多かった。このころから，
社会教育が生涯学習推進のなかで，その存在意義を埋没化・弱体化させてし
まったと指摘されるようにもなった。また，もともと公民館には，地域住民の
意見を公民館運営に取り入れるため，公民館運営審議会の設置が義務づけら
れていた。しかし，1999（平成11）年の社会教育法の改正（表5-1）では，地方
分権の一環として，公民館運営審議会の設置が任意化されるなど，社会教育
の制度は弾力化されていった。

　現在，社会状況は混沌としており，少子高齢化，情報化，国際化への対応，
就労の問題など，私たちはこれまで経験したことのない状況へと突き進んでい
る。このような時であるからこそ，社会におけるさまざまな教育がより活性化
される必要があろう。社会教育の動向はこれまで以上に注目されている。

第2節　社会教育の施設

　本節では，主な社会教育の施設を紹介していく。2015（平成27）年10月1
日現在の全国の社会教育施設数は，表5-2のとおりである[(1)]。全国に多くの社
会教育施設が設置されていることが見て取れるが，なかでも，公民館（類似施

表 5-2　種類別施設数

区　分	計	公民館（類似施設含む）	図書館（同種施設含む）	博物館	博物館類似施設	青少年教育施設	女性教育施設	社会体育施設	民間体育施設	劇場，音楽堂等	生涯学習センター
平成20年度	94,540	16,566	3,165	1,248	4,527	1,129	380	47,925 (27,709)	17,323 (11,149)	1,893	384
平成23年度	91,221	15,399	3,274	1,262	4,485	1,048	375	47,571 (27,469)	15,532 (10,261)	1,866	409
平成27年度	89,993	14,841	3,331	1,256	4,434	941	367	47,536 (27,196)	14,987 (9,871)	1,851	449
増減数	△1,228	△558	57	△6	△51	△107	△8	△35	△545	△15	40
伸び率（%）	△1.3	△3.6	1.7	△0.5	△1.1	△10.2	△2.1	△0.1	△3.5	△0.8	9.8

（注）1. 民間施設の回収率（推定）については，民間体育施設60.4%，私立劇場，音楽堂等71.3%である。2.（　）内は団体数を示す。3. 増減数の△は減少を示す。（以下の表において同じ。）4. 下線部分は，調査実施以来過去最高を示す（以下の表において同じ。）5. 平成23年度調査以前の「劇場，音楽堂等」は「文化会館」として調査している（以下の表において同じ。）。

（出所）文部科学省「社会教育調査」

設含む）の数は，1万4841施設と，同年度の公立中学校設置数（9637校，平成27年度学校基本調査）を大きく上回っている。数の上からみても住民にとって最も身近な社会教育施設といえよう。なお，公民館類似施設とは，条例により設置され，市町村教育委員会が所管する公民館と同様の事業を目的とする施設をさす。社会教育館（会館），社会教育センターなどである（社会教育法第42条）。

今日のような高度化，複雑化，そして，変化の激しい社会において，私たちは学び続けることが求められており，社会教育施設に期待される役割は非常に大きい。

中央教育審議会が2005（平成17）年に文部科学大臣から「新しい時代を切り拓く生涯学習の振興方策について」諮問を受け，2008（平成20）年に答申した「新しい時代を切り拓く生涯学習の振興方策について―知の循環型社会の構築を目指して」では，以下のように述べ，公民館等の社会教育施設に大きな期待を寄せている。

社会の変化に対応するために必要な学習や公共の観点から求められる学

習等については，学習者が必ずしも積極的に学習をしようとしない場合や，学習しようと思っても学習機会が十分にない場合，市場メカニズムに委ねていると民間事業者によって学習機会が提供されない場合等が考えられ，そのような課題については，行政が積極的に学習機会を自らが提供したり，学習者の興味・関心を呼び起こすための啓発活動を行ったり，また，様々な主体により提供される学習機会の把握に努め，国民の学習需要に応えられているか検証し，改善を図ることが必要である。このため，公民館，図書館，博物館，青少年教育施設，女性教育施設等の社会教育施設の果たす役割は大きい。

(1)　公民館

公民館は，戦後に設置されることとなった社会教育の中心的施設であり，社会教育法（1949年施行）によって規定されている（戦前も公民館の名称をもつ施設，公民館の機能をもった施設は存在していたが，制度化されたのは戦後になってからである）。公民館は，図書館，博物館に先駆けて，同法のなかで目的や設置者，事業など，施設の設置・運営に必要な事項が定められている。同法第20条では，公民館の目的を示している。統計数値上，公立中学校区に一つ以上存在する公民館は，当該区域の住民の学習の拠点であり，学習の場となっているといえよう。

　　第20条　　公民館は，市町村その他一定区域内の住民のために，実際生活に即する教育，学術及び文化に関する各種の事業を行い，もつて住民の教養の向上，健康の増進，情操の純化を図り，生活文化の振興，社会福祉の増進に寄与することを目的とする。

同法22条では，公民館の事業について示している。これらをみると，公民館はいわゆる公の「貸し館」ではなく，「貸し館」機能も兼ね備えた住民のための教育施設であることがわかるだろう。同条では，第20条の目的達成のための事業として，次の6項目があげられている。① 定期講座を開設すること，

② 討論会，講習会，講演会，実習会，展示会等を開催すること，③ 図書，記録，模型，資料等を備え，その利用を図ること，④ 体育，レクリエーション等に関する集会を開催すること，⑤ 各種の団体，機関等の連絡を図ること，⑥ その施設を住民の集会その他の公共的利用に供すること。

（2）　図書館

　私たちが利用している図書館は，一般に，国立図書館，公共図書館（公立図書館，私立図書館），大学図書館，学校図書館，専門図書館などに分類される。本節では，主に地方公共団体が設置する公立図書館について述べる。

　図書館法は社会教育法に基づき，「図書館の設置及び運営に関して必要な事項を定め，その健全な発達を図り，もつて国民の教育と文化の発展に寄与することを目的」としている（第1条）。図書館法で規定される「図書館」とは，「図書，記録その他必要な資料を収集し，整理し，保存して，一般公衆の利用に供し，その教養，調査研究，レクリエーション等に資することを目的とする施設で，地方公共団体，日本赤十字社又は一般社団法人若しくは一般財団法人が設置するもの（学校に附属する図書館又は図書室を除く。）をいう」（第2条）とされる。前者に類するものを「公立図書館」，後者を「私立図書館」といい，両者を合わせて「公共図書館」と呼んでいる。

　図書館における事業を「図書館奉仕」という。図書館法第3条では「図書館は，図書館奉仕のため，土地の事情及び一般公衆の希望に沿い，更に学校教育を援助し，及び家庭教育の向上に資することとなるように留意し，おおむね次に掲げる事項の実施に努めなければならない」とし，9項目の事業を示している（巻末：図書館法第3条参照）。

　なお，公立図書館は，第17条の規定により，「入館料その他図書館資料の利用に対するいかなる対価をも徴収してはならない」ことになっている。まさに，私たちの知る権利や学習する権利を保障するうえで重要な社会教育施設の一つといえよう。

(3)　博物館

　博物館は，博物館法によって規定された社会教育施設である。博物館法は社会教育法に基づき，「博物館の設置及び運営に関して必要な事項を定め，その健全な発達を図り，もつて国民の教育，学術及び文化の発展に寄与すること」を目的として施行されている（第1条）。博物館法の規定する博物館とは「歴史，芸術，民俗，産業，自然科学等に関する資料を収集し，保管（育成を含む。以下同じ。）し，展示して教育的配慮の下に一般公衆の利用に供し，その教養，調査研究，レクリエーション等に資するために必要な事業を行い，あわせてこれらの資料に関する調査研究をすることを目的とする機関（社会教育法による公民館及び図書館法（昭和25年法律第118号）による図書館を除く。）のうち，地方公共団体，一般社団法人若しくは一般財団法人，宗教法人又は政令で定めるその他の法人（独立行政法人〔独立行政法人通則法（平成11年法律第103号）第2条第1項に規定する独立行政法人をいう。第29条において同じ。〕を除く。）が設置するもので次章の規定による登録を受けたもの」（第2条）とされる。同法では，いわゆる「動植物園」や「水族館」も博物館の範疇となる。

　なお，ここでいう「登録」とは，同法第10条により「当該博物館の所在する都道府県の教育委員会に備える博物館登録原簿に登録を受ける」ことであり，一般に，登録を受けた博物館は「登録博物館」と呼ばれる。第2条にあるように登録博物館の設置主体は地方公共団体などに限定されており，博物館の設置主体が国や独立行政法人は登録制度の枠外となる。これらの博物館を対象に，博物館に相当する施設，一般に「博物館相当施設」として国や地方公共団体が指定する制度を設けている（巻末：博物館法第29条参照）。また，社会教育調査では，博物館に類する事業を行い，博物館相当施設と同程度の規模を持つ博物館を「博物館類似施設」として調査対象にしている。博物館類似施設については，設置主体や要件についての規定は存在しない。さらに「博物館」という名称は誰でも名乗ることができるため，社会教育調査の対象とならない（把握されていない）博物館も多く存在している。

　前掲の社会教育調査によると，「博物館類似施設」の設置数は4434施設と，

博物館 (相当施設を含む) の設置数 (1256 施設) の約4倍となっている。

　同法では，地方公共団体の設置する博物館を「公立博物館」，一般社団法人若しくは一般財団法人，宗教法人または前項の政令で定める法人の設置する博物館を「私立博物館」としている。博物館の事業は，同法第3条で規定されている (巻末：博物館法第3条参照)。

　また，第3条2項では，「その事業を行うに当つては，土地の事情を考慮し，国民の実生活の向上に資し，更に学校教育を援助し得るようにも留意しなければならない」として，地域に根ざし，地域住民の生活向上や学校教育の支援をうたっている。入館料などについては，同法第23条により，「利用に対する対価を徴収してはならない」と規定されているが，「但し，博物館の維持運営のためにやむを得ない事情のある場合は，必要な対価を徴収することができる」とあり，実際は多くの博物館で入館料などを徴収している。

(4)　青少年教育施設・女性教育施設

　青少年教育施設とは，青少年を対象としたいわゆる対象別施設であり，青少年の健全育成をめざしてさまざまな事業が行われている。青少年教育施設の代表的なものとして，青年の家，少年自然の家，青少年センターなどがある。これらは，国立，都道府県立，市区町村立など，設置主体はさまざまである。

　その先駆けとして，国立の青年の家，少年自然の家，国立オリンピック記念青少年総合センターが，それぞれ，1959 (昭和34) 年，1975 (昭和50) 年，1965 (昭和40) 年に開設された。2001 (平成13) 年4月に文部科学省所管の独立行政法人となり，さらに，2006 (平成18) 年4月には3独立行政法人が統合され，独立行政法人国立青少年教育振興機構となり，現在，全国28カ所の施設を運営している。あわせて，青年の家，少年自然の家は，交流体験を中心とした「青少年交流の家」，自然体験を中心とした「青少年自然の家」に改変された。同機構は，国立の青少年教育施設として，総合的・体系的な一貫性のある体験活動等の機会提供，研修支援，調査研究，青少年団体・施設等の連絡・協力，青少年団体への助成等の事業を展開している。

　なお，青少年教育施設には，その目的によって，宿泊が可能な宿泊型施設と，宿泊設備を伴わない非宿泊型の施設がある。

　社会教育調査をみると，近年，青少年教育施設の数は減少傾向にある。青少年教育施設の予算や人員の脆弱性が指摘されることも多い。いっぽうで，学校教育法では，子どもたちの学校内外における社会的活動，自然体験活動の促進を通した教育の目的・目標達成を企図しており，第 31 条では，小学校において「教育指導を行うに当たり，児童の体験的な学習活動，特にボランティア活動など社会奉仕体験活動，自然体験活動その他の体験活動の充実に努める」とし，さらに「社会教育関係団体その他の関係団体及び関係機関との連携に十分配慮しなければならない」としている。こうした点からも，青少年教育施設への期待は大きく，課題を乗り越え，充実していくことが求められる。

　女性教育施設は，主として女性を対象とした対象別の教育施設である。その先駆けとなったのは，国立婦人教育会館（現国立女性教育会館）であり，1977（昭和 52）年に設立された。国立女性教育会館の Web ページ（http://www.nwec.jp/）には，「女性教育指導者その他の女性教育関係者に対する研修，女性教育に関する専門的な調査及び研究等を行うことにより，女性教育の振興を図り，男女共同参画社会の形成に資すること」と目的が掲げられている。

　女性教育施設は，都道府県，市区町村においても設置され，とくに近年は，男女共同参画社会の実現に向けた中核施設として，さまざまな事業を展開している。

（5）　生涯学習推進センター

　生涯学習推進センターは，1990（平成 2）年に中央教育審議会「生涯学習の基盤整備について（答申）」において設置が提唱された施設である。

　同答申では，地域における生涯学習推進のため，生涯学習に関する情報の提供，生涯学習施設相互の連携の促進など，生涯学習支援体制の整備が重要とし，各地域において生涯学習推進の中心となる機関として「生涯学習推進センター」を都道府県が設置することを提唱した。

生涯学習推進センターの事業
① 生涯学習情報の提供及び学習相談体制の整備充実に関すること
② 学習需要の把握及び学習プログラムの研究・企画に関すること
③ 関係機関との連携・協力及び事業の委託に関すること
④ 生涯学習のための指導者・助言者の養成・研修に関すること
⑤ 生涯学習の成果に対する評価に関すること
⑥ 地域の実情に応じて，必要な講座等を主催すること
　なお，放送大学との連携・協力を行うこと

　同答申では，都道府県が設置する施設として構想，提案されていたが，実際には多くの市町村に設置されている。2015（平成27）年の社会教育調査によると，総数449のうち，都道府県立41，市（区）立328，町立60，村立19，組合立1施設となっている。また，教育委員会が所管するのは449施設中323施設であり，内訳はそれぞれ，都道府県立37，市（区）立213，町立57，村立15，組合立1である。

第3節　社会教育を支える人々

（1）社会教育主事

　社会教育法第9条2項は，都道府県および市町村の教育委員会の事務局への社会教育主事（社会教育主事補）の配置を規定している。社会教育主事の職務は，「社会教育を行う者に専門的技術的な助言と指導を与える。ただし，命令及び監督をしてはならない。（同法第9条3項）」とされている。また，社会教育主事は，学校教育分野の指導主事とならび，教育公務員特例法による専門的教職員に位置づけられる。社会教育主事となるための資格は，大学で社会教育主事に必要な単位を取得するなどし（第9条4参照），社会教育主事補など，法律によって定められた職を経験することによって取得することができる。教育委員会が有資格者を社会教育主事として任用（発令）することによってはじ

めて，社会教育主事となる。

1974（昭和49）年度からは，市町村の社会教育主事の設置が思うように進まない現状を受け，国からの補助金により，都道府県が市町村に派遣するいわゆる「派遣社会教育主事」の制度が創設された。これは主に，都道府県採用の社会教育主事有資格の学校教員を市町村に派遣したもので，社会教育の振興のみならず，学校教育と社会教育の交流にもつながるなどの成果があがっている（ただし，派遣社会教育主事は，国からの費用が一般財源化されたために，その数は近年激減している）。

近年，社会教育主事の人員削減を行う教育委員会もあるが，社会教育主事のあり方について国レベルで検討されるなど，社会の要請に応じた，新たな役割が期待されている。一例として，2008年の社会教育法改正により，社会教育主事の職務に，「社会教育主事は，学校が社会教育関係団体，地域住民その他の関係者の協力を得て教育活動を行う場合には，その求めに応じて，必要な助言を行うことができる」という条項が追加されたことは特筆すべき事柄である（第9条の3　第2項）。学校支援に積極的に関与することが期待されている。

2020年度から，文部科学省令の改正により，社会教育主事となる資格を有する者が「社会教育士」の称号を名乗れるようになる（改正前に取得した者は，改正後に所定の科目を受講することにより可能となる）。今後，首長部局や民間への配置など積極的な活用が期待される。

(2)　司書・学芸員

図書館に配置される専門的職員を司書と呼び，司書は，「図書館の専門的事務に従事する」こととなっている（図書館法第4条）。しかし，司書は図書館に必ずおかなければならないとされてはおらず，配置は任意となっている（ただし，一般には多くの図書館に置かれている）。司書となるための資格は，大学を卒業した者で大学において図書館に関する科目を履修したもの，大学または高等専門学校を卒業した者で司書の講習を修了したもの，司書補や学校又は社会教育施設における司書補と同等以上の職として3年以上勤務し，司書の

講習を修了したものに与えられることとなっている（同法第5条）。

　いっぽう，博物館は，専門的職員として学芸員をおくこと（博物館法第4条第3項）と規定され，学芸員を必ず配置することとなっている。同条によれば，学芸員の職務は「博物館資料の収集，保管，展示及び調査研究その他これと関連する事業についての専門的事項をつかさどる」こととなっている。学芸員となるための資格は，学士の学位を有し，大学において博物館に関する科目の単位を修得したもの，大学に2年以上在学し，博物館に関する科目の単位を含めて62単位以上を修得した者で3年以上学芸員補の職にあったもの，文部科学大臣が上記の者と同等以上の学力および経験を有する者と認めた者に与えられる（同法第5条）。

（3）　公民館の職員

　公民館の職員については，社会教育主事のような資格の要件はない。社会教育法第27条では，館長，主事について「公民館に館長を置き，主事その他必要な職員を置くことができる」とされ，館長の職務については「公民館の行う各種の事業の企画実施その他必要な事務を行い，所属職員を監督する」，主事の職務は「館長の命を受け，公民館の事業の実施にあたる」とされている。公民館の館長，主事その他必要な職員は，当該市町村の教育委員会が任命する（第28条）こととなっている。

　2003（平成15）年に改正された「公民館の設置に関する基準」では，公民館の職員について「公民館の館長及び主事には，社会教育に関する識見と経験を有し，かつ公民館の事業に関する専門的な知識及び技術を有する者をもって充てるよう努めるものとする」とされ，さらに「公民館の設置者は，館長，主事その他職員の資質及び能力の向上を図るため，研修の機会の充実に努めるものとする」と資質・能力向上のための研修の充実もうたっている。なお，公民館職員の研修は，社会教育主事の研修（社会教育法第9条の6）を準用することとなっている（社会教育法第28条の2）。公民館の主事は，行政職員のローテーションにより短い期間で異動することが多く，事業の継続性や専門性の不足を

懸念する声も多い。

（4）　そのほかの社会教育指導者

　上記以外にも，さまざまな社会教育指導者の制度やしくみが存在している。スポーツ基本法第32条によって「市町村の教育委員会（特定地方公共団体にあっては，その長）は，当該市町村におけるスポーツの推進に係る体制の整備を図るため，社会的信望があり，スポーツに関する深い関心と理解を有し，及び次項に規定する職務を行うのに必要な熱意と能力を有する者の中から，スポーツ推進委員を委嘱するものとする」と規定される「スポーツ推進委員」の制度もその一つである。そのほか，青少年教育を推進するため東京都の多くの自治体で地域住民を指導者として委嘱する「青少年委員」の制度や，ジュニアリーダーの指導者，放課後子ども教室のコーディネーターや学習アドバイザーなど，多様な指導者が存在する。これらの指導者は公的には，社会教育主事のような任用のための資格は存在しない。さらに近年，生涯学習インストラクター資格認証制度（一般財団法人社会通信教育協会），こどもパートナー・こどもサポーター・こどもサポートコーディネーター・こども支援士（一般社団法人教育支援人材認証協会）など，民間による人材育成や人材認証も活性化しつつある。

（5）　社会教育関係団体

　これまで社会教育は，地域における社会教育を行うさまざまな団体により発展してきたといっても過言ではない。地域における小規模のサークル活動的な団体から，全国規模の大きな団体まで，規模も活動内容も多種多様な団体が存在し，地域の文化やスポーツの振興に大きく寄与している。なお，社会教育法第10条では「法人であると否とを問わず，公の支配に属しない団体で社会教育に関する事業を行うことを主たる目的とするもの」と規定されている。文部科学大臣および教育委員会との関係については，「文部科学大臣及び教育委員会は，社会教育関係団体の求めに応じ，」「専門的技術的指導又は助言を与えることができる」「社会教育に関する事業に必要な物資の確保につき援助を

行う」(同法第11条)とされ，国および地方公共団体との関係については，「国及び地方公共団体は，社会教育関係団体に対し，いかなる方法によつても，不当に統制的支配を及ぼし，又はその事業に干渉を加えてはならない」(同法第12条)とし，さらに，補助金の交付にあたっては，地方公共団体の場合は，教育委員会が社会教育委員の会議(社会教育委員が置かれていない場合には，条例で定めるところにより社会教育に係る補助金の交付に関する事項を調査審議する審議会その他の合議制の機関)の意見を聴くことを定めている(同法第13条)。これらを規定することによって，社会教育関係団体の独立性を確保するよう努めている。

(6)　行政委嘱委員

社会教育行政では，地域住民の意見を社会教育行政に反映させるための施策として，社会教育委員など行政が地域住民を委嘱してきた。

①　社会教育委員

社会教育委員は，社会教育法により，都道府県および市町村に置くことができると規定され，地域の実情，必要性に応じて，教育委員会が委嘱するものである。委嘱にあたっては「文部科学省令で定める基準を参酌する」と規定されている。設置は都道府県および市町村の任意とされており，すべての自治体に設置されているわけではない。また，定数や任期などは，それぞれ条例で定めることとなっている(第18条)。

社会教育委員の職務は，第17条により「社会教育に関し教育委員会に助言するため」として「社会教育に関する諸計画を立案」，「定時又は臨時に会議を開き，教育委員会の諮問に応じ，これに対して，意見を述べる」，「職務を行うために必要な研究調査を行う」ことが職務規定されている。さらに「教育委員会の会議に出席して社会教育に関し意見を述べることができる」，「市町村の社会教育委員は，当該市町村の教育委員会から委嘱を受けた青少年教育に関する特定の事項について，社会教育関係団体，社会教育指導者その他関係者に対し，助言と指導を与えることができる」とされ，その役割は社会教育全般に

わたった幅広いものとなっている。

② 地域学校協働活動推進員

社会教育法第9条の7に規定される「地域学校協働活動推進員」は，「地域学校協働活動の円滑かつ効果的な実施を図るため」に，「社会的信望があり」，「地域学校協働活動の推進に熱意と識見を有する者」に委嘱し，「地域住民等と学校との間の情報の共有」，「地域学校協働活動を行う地域住民等に対する助言その他の援助」を行う，社会教育指導者である（第4章参照）。

③ 公民館運営審議会，博物館協議会，図書館協議会

公民館などの社会教育施設では，施設運営に地域住民の意向や地域の事情を反映させるため，公民館運営審議会などの審議会・協議会を設置してきた。

公民館においては，「館長の諮問に応じ，公民館における各種の事業の企画実施につき調査審議する（社会教育法第29条2）」することを目的として，公民館運営審議会を設置することができるとされている。前述したとおり，1999（平成11）年の社会教育法改正によって，設置は義務から任意となった。

公民館運営審議会の委員については，第30条により，市町村の教育委員会が委嘱することになっている。定数や任期などについては，市町村の条例で定められ，委嘱にあたっては，社会教育委員と同様，「文部科学省令で定める基準を参酌する」とされている。

図書館においては，図書館協議会（図書館法第14条）が，博物館においては，博物館協議会（博物館法第20条）が，それぞれ規定されている。これらの設置についても公民館運営審議会と同様，自治体の任意となっている。

行政委嘱委員は，地域によっては，「まちの名誉職」的な存在であったり，活動が形骸化していたりするなどの問題も指摘されている。しかし，地域住民の意向を社会教育行政に反映することができる重要な制度であることを忘れてはならない。委員を公募したり，提言などを活発に行ったりしている地域もあり，今後，いっそうの活性化を図らなければならない。

第4節　社会教育の計画と評価

　社会教育の事業を行うには，まず，事前に対象者や対象とする地域の状況や課題を把握する必要がある（現状把握）。これは，事業の主体が，行政であろうが，民間であろうが，必ず行う必要がある。つまり，相手を見ずして，計画は立てられず，そのうえでどのような事業を行うか，事業内容を検討していがなければならない。さらに，計画に基づいて事業を展開した後は，計画どおり事業が遂行されたか，どのような成果が得られたかなど，事業の評価を行い，今後の社会教育事業の計画に役立てていくことが重要である。

　通常，社会教育における最も身近な講座などの計画を「個別事業計画」または「学習プログラム」という。

　学習プログラム立案にあたっては，講座などのネーミングやキャッチフレーズを工夫することも重要な点である。また，学習プログラムの成果をいかに評価するか，評価方法の検討も十分に行わなければならない。さらに，事業の目的を達成するためにどのようなテーマ（課題）を設定するのか，どのような視点・観点から取り上げるのかということをまず検討しなければならない。そして，重要なことは，一つの学習プログラムで学習できることはかぎられているということの自覚である。「あれもこれも…」と詰め込みすぎると，ボリュームはあるが最終的に何をめざしていたのか，学習者にとってもわかりづらい結果となることもあるだろう。内容を精選し，優先度をもって重要な事柄を取り上げることが重要である。

　個別事業計画は，「年間事業計画（単年度事業計画）」の一つとして位置づけられる。年間事業計画は，各機関・施設の単一年度中の計画で，さまざまな事業ごとにねらいや実施主体，実施方法，実施場所などを示す。さらに，年間事業計画は，複数年度にまたがった事業計画である「中・長期事業計画」（複数年次事業計画）」に位置づけられる。

　また，実際に事業を行うときは，事業を実施する具体的な流れや内容，役割分担などを細かく計画立てることが必要である。これは個別事業計画をさらに

詳細にした，ちょうど学校教育の「学習指導案」のようなもので，「学習展開計画」と呼ばれるものである。

　事業実施後は，事業の目的・目標が達成されたかどうかの振り返り，つまり，評価を行うことが求められる。講座などの事業に何名申し込んだか，何名参加したか，そのうち何名が講座を修了したかなど，いわゆるアウトプット評価だけでなく，参加者の意識変容，行動変容，それらの地域社会への波及効果などのアウトカム評価を行うことも重要である。従来，社会教育の評価はたやすいものではなく，とくにアウトカム評価については，可視化することがむずかしいと考えられてきた。しかし，評価のための指標を作成し，作成した評価指標に基づく評価を行うなど事業の成果を「見える化」することは，社会教育施策の点検，見直しの好機となるばかりか，税金を投入して実施する社会教育行政の説明責任であるともいえよう。社会教育の計画と評価は一体であり，常に継続的，発展的に行なわれなければならない。

　なお，このような評価は法律によっても明確に位置づけられている。たとえば，公民館に関しては，社会教育法第 32 条（運営の状況に関する評価等）に「公民館は，当該公民館の運営の状況について評価を行うとともに，その結果に基づき公民館の運営の改善を図るため必要な措置を講ずるよう努めなければならない」と規定されている。計画，実施，評価，改善のサイクル，「PDCA サイクル」は社会教育において，きわめて重要であるといえよう。

注
(1)　社会教育に関する基本的事項の調査，社会教育行政上の基礎資料を得ることを目的とし，文部科学省が 3 年に 1 度実施している。

参考文献
伊藤俊夫編『生涯学習・社会教育実践用語解説』全日本社会教育連合会，2002 年。
田中雅文『現代生涯学習の展開』学文社，2003 年。
今西幸蔵・村井茂編『現代における社会教育の課題』八千代出版，2006 年。
井内慶次郎他『改定　新社会教育法概説』全日本社会教育連合会，2008 年。
日本青年館『社会教育』（月刊誌）各号。

コラム　　　アジアのコミュニティ学習センター（CLC）

コミュニティ学習センター（community learning center：CLC）は，住民のエンパワーメントと地域づくりの促進をめざし，子どもから大人まであらゆる人々に教育機会を提供する地域の学習センターである。ユネスコの主要プロジェクトの一つである「アジア・太平洋万人のための教育計画」（Asia and Pacific Programme of Education for All：APPEAL）の一環として，ユネスコ・バンコク事務所が域内各国における設置・運営を支援している。

学校のようなフォーマルな教育機関とは異なり，プログラムには地域ニーズをふまえた多様性と柔軟性が求められ，住民自身の参画が好ましいとされている。実際，CLCの多くは地域住民によって設立されている。施設としては新たな建物を新設する必要はなく，すでにある健康センター，寺，モスク，小学校施設など，既存の地域施設を利用することができる。事業内容としては，識字教育，職業訓練，初等中等教育レベルの同等プログラム（Equivalent Program），生活改善や地域社会の課題に関する教育などが提供されている。

地域づくりにおけるCLCの役割として，①地域の教育と開発の中心的拠点，②地域の多様な利害や活動の調整，③地域住民の交流・調和・連帯の促進，④民主主義を支える地域住民の自治的力量の形成と学習社会の構築，という4点をあげることができる[1]。

CLCは，個人のエンパワーメントと地域づくりをめざす地域の学習センターという点で，日本の公民館に類似している。しかし，学習内容，職員の雇用形態，法制度上の位置づけなど，さまざまな点で相違点も多く，CLCが国ごとに異なる特色をもっていることにも注目しなければならない[2]。

CLCが高度な機能を整えるためには，設備，人材，プログラム開発などの充実が必要である。しかし現実には，財政的な制約によって十分な投資を行うことが容易でない。いっぽう，経済のグローバル化のなかで国民経済を維持するためには，個人の経済的自立と地域コミュニティの連帯性や発展とを両立させることが困難な場合もある。アジア各国のCLCと日本の公民館は，積極的な交流を通して互いの特長を学び合いながら，相互の発展を促すことが求められている。

（田中　雅文）

注
(1)　河内真美「ユネスコのCLC事業」平成21-23年度科研費基盤研究（C）『アジア・太平洋地域の社会開発を支援するコミュニティ学習施設に関する基礎的研究』（研究代表者：手打明敏）2012年。
(2)　手打明敏「公民館/CLCの共通性と多様性」同上書。

防災教育と社会教育

　昨今，大規模な台風被害や水害などによる非常事態が，全国各地で勃発している。2011年の東日本大震災以降，社会教育施設では，非常時の「減災」につながる防災訓練や防災講座，つまり「住民の生命を守るための講座」が活発に実施されている。このような各地の社会教育施設で実施されている防災教育は，当該地域の地理的条件やコミュニティの状況に照らして，実際に起こり得る非常事態を想定したうえで企画運営されている。

　一般的に防災に必要な三要素として，自助（個人または家庭で災害に備え，自らの生命を守ること），共助（近隣同士が互いに助け合って，生命や地域の暮らしを守ること），公助（国や自治体をはじめ，警察や消防による人命の救助活動や応急活動，災害復旧のための活動）があげられる。公民館をはじめとした地域の学習施設で実施される防災教育には，自助に関するもの（たとえば，家庭での食料品や日用品の備蓄や避難生活に備えるための講座，シェイクアウト訓練や避難経路を確認する講座，障がい者や乳幼児のいる世帯や独居高齢者などの対象者別の防災講座など）と，共助に関するも

の（たとえば，地域での生活状況をふまえて発災直後の行動計画を話し合うタイムライン検討会，防災まち歩き講座，近隣同士が協力してつくるハザードマップ作成講座，学校や地域組織等と連携した防災訓練や防災シンポジウムなど）がある。

　図書館や郷土資料館をはじめとする公民館以外の社会教育施設においても，当該地域の被災者の声を記録した情報誌の収集や展示，震災や水害の遺物の展示など，住民の防災意識を高めるための啓発事業が行われている。こうした事業の多くは，社会教育職員と地域の防災活動団体が連携して企画および実施されている。

　そもそも社会教育施設では，地域のなかに住民間の顔見知りの関係性を構築することで，「共助」の意識を高めることにつながる学習事業が，多様なテーマや手法のもとに実践されてきた。今後は防災教育の観点からも，地域の社会教育の役割として，住民間のつながりを強化し，コミュニティ形成の基盤づくりを一層進めることが求められる。

（柴田　彩千子）

第6章　生涯学習支援の動向と課題

　現在，人々の生涯学習を支援するために，さまざまな施策が展開されている。一般に，生涯学習支援は，学習のための講座や講演会などの学習機会を提供すること，学習機会などの情報を集め，学習希望者に提供すること，そして，学習を行った者に対して，必要（求めに）に応じて，学習成果を評価したり，認証したりすることにより行われる。そして，これら生涯学習支援においては，生涯学習支援にかかわるあらゆる人々，団体，施設，機関などが，ネットワークを構築し，連携・協力することが重要であるといわれている。

　本章は，これらの生涯学習支援の動向と課題について取り上げる。まずは，ネットワーク構築の重要性について述べ，生涯学習関連施設の連携や民間との連携・協力，ネットワークを基本とする学習情報提供および学習相談，さらに，今後の生涯学習支援の課題について述べる。

第1節　生涯学習支援におけるネットワークの必要性

　本章では，生涯学習支援のネットワークを「生涯学習に関係する個人や団体・グループ，生涯学習関連施設や機関が，人的なつながりを形成し，交流を図りながら，相互に情報の交換や協力が行われている状態」とする。生涯学習を推進，振興するうえでは，こうしたネットワークは必要不可欠であるといえる。なぜなら，学習者は，多様な学習機会のなかから自分に最も適した（コストや地理的，時間的条件なども含め）学習機会を自らの意思で選択するものであり，何かを学びたいと思う人にとって，学習機会の提供主体が，教育委員会であるとか，首長部局であるとか，民間教育産業であるとかいうことは，それ

ほど大きな問題ではない。さまざまな生涯学習にかかわる施設や機関が連携し，人や物，情報のネットワークを形成することによって，有意義な学習が生み出されるのである。

(1)　ネットワーク型行政

1996（平成8）年の生涯学習審議会答申「社会の変化に対応した今後の社会教育行政の在り方について」において，「ネットワーク型行政」の必要性が提唱された。

答申では，多様化する学習活動や学習ニーズにこたえるため，多様な機関間で多様なレベルの連携が不可欠であり，各機関は，その自らの特色や専門性を生かしつつ，相互に連携して住民に対する学習サービスを的確に行うようにしなければならないとし，行政，民間を問わず，それぞれの活動がネットワークを通して相互に連携することの重要性を指摘している。そして，さまざまな立場から総合的に支援していくしくみとして，「ネットワーク型行政」の構築を求めている。さらに，社会教育行政は積極的に連携・ネットワーク化に努めることを促している。

そのほか，ネットワーク構築のため，国，地方公共団体，大学・研究機関，民間団体などのもつ学習資源を調査，収集し，それらを有効活用すること，地方公共団体間のネットワーク化，地方公共団体による環境整備などを提唱している。なお，このネットワーク型行政の考え方は，その後の中教審においても改めてその重要性が指摘されるなど，現在も行政のあり方に示唆を与え続けている。

(2)　生涯学習関連施設間の連携・協働

生涯学習支援ネットワークの構築にあたっては，社会教育施設である公民館，図書館，博物館の連携はもちろん不可欠であるが，さらに，学校（学校との連携については，第4章を参照）や児童館，コミュニティセンター，民間教育産業，非営利団体，企業など，生涯学習に関連するあらゆる施設や機関の連携を推し

進めることが必要である。

　さらに，私たちの生活圏は，必ずしも市町村の枠組みに収まるものではないことにも留意し，市町村の枠を越えた広域的な連携をめざすことも重要であろう。そのためには，相互利用のための協定づくりや連携する市町村による協議会をつくるなどの施策を講じる必要がある。たとえば，都道府県もしく市町村を一つのキャンパスに見立て，大学などの高等教育機関や社会教育施設，各種団体，企業などの連携により学習機会の提供や学習成果の評価などを行う「生涯大学システム」の構想および実践は，一つのヒントとなるものである。

　また，近年，図書館や公民館，子育て支援施設，市民ホール，さらには民間のカルチャーセンターや飲食店，商業施設など，さまざまなタイプの施設を一つの建物に集めたいわゆる複合型施設がつくられている。この動きは，2013年に発表された「インフラ長寿命化基本計画」により加速されることが予想される。複合施設の利点を活かし，多種施設との連携・協働の促進を進め，地域社会のニーズに合った，新たなサービスを生み出すことが期待される。

第2節　民間との連携・協力

　これまで，社会教育行政は，社会教育施設を中心としてさまざまな事業を展開し，生涯学習の振興にも大きな役割を果たしてきた。いっぽうで形骸化やマンネリ化，施設運営の無駄などがしばしば指摘されるようになった。活性化や効率化，コストダウンを意図し，民間のノウハウや活力を導入することも国をあげて推進されるようになってきた。

　民間との連携・協力の具体的方策の一つとして，NPMをあげることができる。NPMは，New Public Management（ニュー・パブリック・マネジメント）の略であり，現在，その推進が進められている。NPMとは，民間企業の経営管理手法を公共部門（行政）に適用することによって，効率化・活性化させようという行政運営理論で，1980年代以降，イギリス，ニュージーランドなどで導入されてきた。NPMは，市場原理・競争原理の導入，業績・成果の評価，企画

立案と実施執行の分離などを行うことにより，効率よく，質の高い行政サービスを提供することをめざして行われるものである。日本では，1980 年代の公社の民営化，1990 年代の独立行政法人制度と PFI 法，2000 年代の指定管理者制度など NPM の理論・手法が導入された。

（1）　指定管理者制度の導入

　2003（平成 15）年に地方自治法の一部が改正され，それまでの管理委託制度下では，公の施設の管理運営は，自治体が出資する法人などに限られていたが，民間企業も含めた法人・その他の団体に管理を行わせることができる，いわゆる「指定管理者制度」が導入された。社会教育施設，生涯学習関連施設もその対象となる。指定管理者を指定するか，地方自治体の直営で行うかは自治体の判断による。同制度では指定期間や指定方法，管理の基準，業務の範囲などを条例で定め，指定にあたっては議会の議決を経ることとなっている。

　　地方自治法　第 244 条の 2 第 3 項
　　普通地方公共団体は，公の施設の設置の目的を効果的に達成するため必要があると認めるときは，条例の定めるところにより，法人その他の団体であつて当該普通地方公共団体が指定するもの（以下本条および第 244 条の 4 において「指定管理者」という。）に，当該公の施設の管理を行わせることができる。

　前掲の 2015（平成 27）年度社会教育調査によると，社会教育施設の指定管理者の指定状況は表 6-1 のとおりである。全公立施設（5 万 3016 施設）中，1 万 5297 施設，公立施設数に占める割合は 28.9% と 4 分の 1 強を占め，前回の 2011（平成 23）年調査と比べ，2.7 ポイント上昇している。さらに，どの施設も，2011（平成 23）年と比べ，施設の割合が増加していることが見て取れよう。なお，指定管理者の指定状況は，「一般社団法人・一般財団法人（特例民法法人を含む。）」5648 法人，「会社」4551 社，「NPO 法人」1544，「その他」2633 団体

表6-1 種類別指定管理者別施設数

区　分	計	公民館(類似施設含む)	図書館(同種施設含む)	博物館	博物館類似施設	青少年教育施設	女性教育施設	社会体育施設	文化会館	生涯学習センター
公立の施設数（社会体育施設は団体数）	53,016 (53,804)	14,837 (15,392)	3,308 (3,249)	765 (724)	3,528 (3,522)	913 (1,020)	276 (277)	27,197 (27,469)	1,743 (1,742)	449 (409)
うち指定管理者導入施設数	15,297 (14,098)	1,303 (1,319)	516 (347)	183 (158)	1,096 (1,053)	374 (393)	94 (88)	10,604 (9,714)	1,006 (935)	121 (91)
公立の施設数に占める割合	28.9% (26.2%)	8.8% (8.6%)	15.6% (10.7%)	23.9% (21.8%)	31.1% (29.9%)	41.0% (38.5%)	34.1% (31.8%)	39.0% (35.4%)	57.7% (53.7%)	26.9% (22.2%)
地方公共団体	115 (147)	– (9)	– (1)	– (–)	16 (24)	7 (9)	– (–)	85 (95)	7 (9)	– (–)
地縁による団体（自治会，町内会等）	806 (…)	350 (…)	8 (…)	1 (…)	42 (…)	18 (…)	9 (…)	347 (…)	4 (…)	27 (…)
一般社団法人・一般財団法人公益社団法人・公益財団法人	5,648 (5,796)	287 (285)	55 (52)	128 (118)	523 (522)	143 (150)	37 (34)	3,888 (4,038)	539 (550)	48 (47)
会社	4,551 (3,865)	101 (92)	381 (223)	41 (31)	236 (211)	106 (87)	11 (7)	3,350 (2,953)	304 (244)	21 (17)
NPO法人	1,544 (1,136)	42 (33)	40 (44)	6 (4)	87 (73)	51 (49)	19 (22)	1,233 (858)	57 (47)	9 (6)
その他	2,633 (3,154)	523 (900)	32 (27)	7 (5)	192 (223)	49 (98)	18 (25)	1,701 (1,770)	95 (85)	16 (21)

（注）1.「指定管理者」とは，地方自治法第244条の2第3項に基づき管理者を指定している場合をいう。
2.（　）内は平成23年度調査の数値である。　3.「地縁による団体(自治会，町内会等)」は平成27年度から調査。
（出所）　文部科学省「社会教育調査」

となっている。

　指定管理者制度には，民間のノウハウを生かした新しい事業が展開できる，コストが削減できる，接遇の改善につながるなどの賛成論と，社会教育の目的が達成されない，社会教育（施設職員）の専門性が維持できないなどの反対論の，賛否両論が寄せられている。すでに，指定管理者制度を導入した社会教育施設では，開館日増，開館時間延長，サービスの多様化，蔵書増（図書館），入館者増（博物館），講座・イベント数増（公民館）などの成果が報告されている。

　地域の生涯学習の推進のために，生涯学習関連施設をどのように運営していくのか，今まさに，その方向性が問われている。

第3節　学習情報提供・学習相談

　生涯学習支援において，重要な方策の一つとなるのが，学習情報提供および学習相談である。これらは，人々の学習が多様化，高度化するなかで，個人のニーズに合った学習機会などの情報を的確に提供することを目的として行われるものである。

(1)　学習情報提供

　学習情報提供は，生涯学習情報提供といわれることもある。提供される情報を「学習情報（または生涯学習情報）」といい，学習機会や施設などの案内する情報「案内情報」と学習の内容にかかわる「内容情報（百科全書的情報）」に分けられる。一般に，学習情報提供の対象となるのは「案内情報」であるが，これまでには「内容情報」も含めた学習情報提供を行った機関もあった。

　では，学習情報提供において提供される学習情報（案内情報）はどのような情報であろうか。私たちが学習を行う際，必要とされる情報をあげてみよう。講座や講演会などのいわゆる学習機会の情報，公民館や図書館といった施設に関する情報，講師など指導者に関する情報，社会教育関係団体などの団体・サークルの情報，学習のための教材や参考となる資料などの情報，近年は，インターネット上で学習に役立つコンテンツの情報なども学習者にとって必要な情報である。さらに，学習の成果を活用する段階においては，ボランティアに関する情報も必要となるだろう。資格や検定などの情報も同様である。

　ただし，これらの学習情報は，本来必要とされる人に行き届いているかといえば，必ずしもそうとはいえない状況にある。前掲の生涯学習に関する世論調査などをみても，学習情報の不足は常に生涯学習振興の課題の一つとなっている。

　また，時代によって，求められる学習情報は変化している。インターネットなどの普及を代表とした高度情報化は新しい学びのスタイルを創出しており，インターネット上の有益な学習コンテンツを掘り起こし，その案内情報を学習

者に提供することなど，今後，いっそう求められるであろう。さらに，学習情報の提供の仕方も，これまで，行政の広報誌，ガイドブック，インターネットのホームページの活用などにより行なわれてきたが，ツイッター（Twitter）やフェイスブック（Facebook）といった新しいソーシャルメディアの積極的な活用も期待されよう。

　ここで重要になってくるのは，どのような学習情報を，いかなる方法で収集するか，どの範囲まで広げて収集するかということである。学習者にとって有益な学習情報を効率よく集めるには，そのためのしくみやネットワークを構築，活用しなければならないだろう。学習情報の収集範囲についても，教育委員会が所管する事業だけでなく，幅広く行政全般，さらには社会教育関係団体やNPO，自治会などのさまざまな団体，カルチャー・センターなどの民間の教育産業も含めて検討しなければならない。ここにも，ネットワーク型行政の推進が求められている。

（2）　学習相談

　学習情報提供と同様，学習者と学習機会などを結ぶ重要な役割を担うのが学習相談である。学習相談は文字どおり，学習にかかわる相談をするものである。

　前掲の「生涯学習に関する世論調査（2018年）」では，この1年くらいの間に，「学習をしたことがない」と答えた者（707人）に「学習をしない理由」を質問している（表6-2）。回答率が高い順にあげると，「仕事が忙しくて時間が無い」33.4%，「特に必要がない」31.1%，「きっかけがつかめない」15.8%となるが，多くの理由は，適切な学習情報を届けることができれば解消することができるのではないだろうか。学習相談は，こうした悩みや課題をもつ人々に対し，解決の手助けをするサービスである。

　学習相談は，社会教育施設などにおいて対面で行われる場合，電話，さらにはインターネットのe-mail場合など多様なかたちで行われている。行政職員だけでなく，学習相談員の養成講座を実施し，修了者を中心とした地域住民が

表 6-2　学習をしない理由

33.4	仕事が忙しくて時間がない
31.1	特に必要がない
15.8	きっかけがつかめない
15.0	家事・育児・介護などが忙しくて時間がない
7.9	身近なところに学習する場がない
7.8	時間帯が希望に合わない
4.8	学習するための費用がかかる
4.7	学習より優先したいことがある
2.4	一緒に学習する仲間がいない
2.3	学習するのに必要な情報（内容・時間・場所・費用など）が入手できない
1.3	学習したい内容の講座が開設されていない
0.8	学習しても職場などから評価されない
6.8	その他
4.0	特にない
1.6	わからない

注：複数回答方式，単位は％。この1年くらいの間に，「学習をしたことがない」と答えた者（707人）に「学習をしない理由」を質問した結果。
（出所）内閣府「生涯学習に関する世論調査」（2018年）

ボランティアとしてたずさわっている例も少なくない。

　いずれにしても，相談者（学習希望者・学習者）と相談員が向き合い，学習活動へとつなぐ役割をもつ。学習相談の実際の場面においては，自身の学習ニーズを把握できていない相談者や一見明確な学習ニーズをもっているように見えても，それは表層的なもので，その奥に本当のニーズが隠れていることもある。相談者と相談員の対話こそが，学習活動へとつながる重要な役割をもつのである。

　さらに，学習相談は，すでに学習を行っている人々が，学習における「つまずき」や課題解決の援助を求められることもある。そのために相談員は，地域社会の学習資源，さまざまな学習方法を熟知しておく必要がある。そして，いうまでもなく，相談員はコミュニケーションの能力を高めることが重要である。

第4節　生涯学習支援の課題

　現在，少子高齢化，情報化，雇用環境の変化，国際化など，私たちをとりまく環境は，日々大きく変化している。そして，その変化のスピードは非常に速い。私たちは，これらの社会の変化に対処すべく，生涯学習をとりまく環境の整備，新しい生涯学習支援のしくみをつくっていかなければならないだろう。

　昨今，若者を中心としたニート・フリーターの増加が社会問題となっているが，こうした事態に対処すべく，生涯を通じて職業能力向上を可能とする学習機会や学習情報の整備，学童期からのキャリア教育の推進は喫緊の課題である。

　各所で指摘されている家庭や地域の教育力の低下によって生じているさまざまな問題への対応も重要な課題である。さらには，子どもたちの学力低下，体力低下，社会体験や生活体験不足，コミュニケーション能力の低下などの諸問題への対応も急がれる。

　なんらかの事情で社会教育施設などに出向くことができない人に対するアウトリーチ活動，障がいのある人が施設を利用したり，事業に参加したりする際の合理的配慮，グローバル化による多言語化への対応，やさしい日本語による広報やプログラムの実現，多文化の交流促進，さらには，妊産婦や乳幼児，性的マイノリティ，高齢者に配慮した防災拠点としての機能の強化なども求められよう。

　これら新しい課題へ対応していくためには，これまで以上に，多様な人々，団体や機関が連携していくことが求められる。2006（平成18）年に改正された教育基本法は第13条において，「学校，家庭及び地域住民その他の関係者は，教育におけるそれぞれの役割と責任を自覚するとともに，相互の連携及び協力に努めるものとする」と定めている。時代にあった生涯学習社会の実現に向けた連携・協働体制の確立，新しいネットワークの構築は，私たちにとって重要かつ実現しなければならない課題であろう。

　2008（平成20）年の中央教育審議会「新しい時代を切り拓く生涯学習の振興方策について―知の循環型社会の構築を目指して（答申）」は，教育基本法改

正後に生涯学習の振興に関して初めて提出された答申であり，今後の生涯学習の振興の道筋を示したものである。なお，同答申でいう「知」を，「狭義の知識や技能のみならず，自ら課題を見つけ考える力，柔軟な思考力，身に付けた知識や技能を活用して複雑な課題を解決する力及び他者との関係を築く力等，豊かな人間性を含む総合的な『知』」と位置づけている。「各個人が，自らのニーズに基づき学習した成果を社会に還元し，社会全体の持続的な教育力の向上に貢献」し，持続可能な社会の基盤，持続可能な社会の構築に貢献することを目論んでいる。同答申が，施策を推進する際の留意点として掲げた三つの視点，①「個人の要望」と「社会の要請」のバランスの視点，②「継承」と「創造」などを通じた持続可能な社会の発展をめざす視点，③連携・ネットワークを構築して施策を推進する視点は，今なお，生涯学習の振興において重要な視点といえよう。

その10年後，2018（平成30）年に公表された中央教育審議会「人口減少時代の新しい地域づくりに向けた社会教育の振興方策について（答申）」は，地域における社会教育の意義と果たすべき役割として，社会教育を基盤とした，人づくり・つながりづくり・地域づくりをあげ，学びと活動の循環により実現を図るとしている（図6-1）。

同答申では，具体的な方策として，①学びへの参加のきっかけづくりの推進，

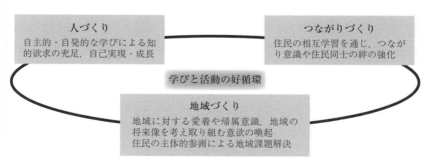

図6-1　地域社会における社会教育の意義と果たすべき役割
注：図中の「学びと活動の好循環」は，答申の本文では「学びと活動の循環」と表記されている（筆者）。
（出所）中央教育審議会「人口減少時代の新しい地域づくりに向けた社会教育の振興方策について（答申）概要」2018年

②多様な主体との連携・協働の推進，③多様な人材の幅広い活躍の促進，④社会教育の基盤整備と多様な資金調達手法の活用などが掲げられている。

　今後，ますます加速するであろう多様な社会の変化を乗り切るためには，いつでも，どこでも，誰でも，必要なときに学習することができ，学習した成果を活かすことができる生涯学習社会を実現しなければならない。

　個々の主体的な学びが新しい社会を創造する。多様な主体が連携・協働し，「学びがつむぐ新しい社会」を形成することが望まれる。

注

(1)　生涯学習社会は，1992（平成 4）年の生涯学習審議会答申「今後の社会の動向に対応した生涯学習の振興方策について」において，「人々が，生涯のいつでも，自由に学習機会を選択して学ぶことができ，その成果が社会において適切に評価されるような生涯学習社会を築いていくことを目指すべきである」と定義された。

参考文献

白石克己・廣瀬隆人編著『生涯学習の新しいステージを拓く 1　生涯学習を拓く』ぎょうせい，2001 年。

田中雅文・中村香編著『社会教育経営のフロンティア』玉川大学出版部，2019 年。

髙井正・中村香編著『生涯学習支援のデザイン』玉川大学出版部，2019 年。

企業の社会貢献

企業とは，人々に必要とされる物やサービスを生産および提供する活動を通じて，利益を追求する組織である。その一方で，企業には自社の利益を追求するのみならず，社会に及ぼす影響に責任をもち，社会全体の要求である「持続可能な社会」の実現を図るための一翼を担うことが要求されている。この「持続可能な社会」の実現に向けて，企業が健全な経営基盤を整備する取り組みを，「企業の社会的責任（Corporate Social Responsibility：CSR）」という。

現在，多くの企業が「持続可能な社会」を実現するための一方策として，企業の成長と，社会的課題（たとえば，子どもの教育，社会教育，森林保全や水質保全などの環境保全，芸術文化やスポーツの振興，震災復興など）の解決を図る取組をリンクさせながら，CSR事業を展開している。本来，企業の社会貢献活動（フィランソロピーやメセナ）とCSR事業は異なるものである。CSRとは，そもそも企業が社会やステークホルダーに対する説明責任を果たしつつ，健全な企業活動を行っていく基盤をつくる取り組みである。しかしながら，上述のように，企業の健全な経営基盤を整備し，企業の成長を図るための一方策として，社会貢献事業をCSRの領域として実施する企業が多い。

さらに，この社会貢献活動のうち，企業はとりわけ「教育CSR」（企業が実施する「教育・社会教育」分野における社会貢献）への取り組みに力を注いでいる。企業の社会貢献活動の支出額を分野別にみてみると，近年の「教育・社会教育分野」での支出額が「学術・研究」や「環境」や「文化・芸術」の分野を抑えて最も多い[1]。「教育CSR」の取り組みには，企業の有する技術や発想，そして資金力を活かした多様な体験型の教育機会を，子ども・若者に提供するものがある。企業によるこうした活動は，将来の顧客や社員の予備軍になり得る子どもや，その保護者に対する自社のイメージアップ戦略という側面があることも否めない。しかし，こうした活動は，企業が次代を担う子ども・若者を育むことによって，「持続可能な社会」をつくることに寄与する営為である。

現在の「教育CSR」ブームのなか，2013年度から文科省は「青少年の体験活動推進企業表彰」を行い，民間企業の有する教育力がより広く社会に還元されるよう，後押しをしている。

（柴田 彩千子）

注
(1) 日本経済団体連合会社会貢献推進委員会『2012年度社会貢献活動実績調査結果』2013年，日本経済団体連合会。

第7章　まちづくりと生涯学習

　まちづくりを実施する主体が違えば，その目的も手法も異なったものとなる。本節では，自治体が旗振り役を務めるまちづくりと，住民が主体となって草の根的に展開するまちづくりに分類したうえで，それぞれのまちづくりに人々の「学び」がどのように関連しているかについて述べていく。

第1節　まちづくりの諸形態と生涯学習の位置づけ

（1）　行政主導のまちづくり―「まちづくり」という用語―

　まず，「まちづくり」という用語についてみてみよう。われわれは日常生活の多くの場面で，平仮名で表記される「まちづくり」という用語を目にする。この「まちづくり」の類義語には，町おこし，村おこし，地域づくり，村づくりなどがある。このように類似の呼び方があるなか，現在この平仮名表記のまちづくりという用語が，一般的に使用され，人々に浸透しているようである。

　そもそも，このまちづくりという用語は，「専門家や官庁の用語であった都市計画，都市開発，地域開発あるいは総合計画などを，市民にとって身近なものにしようと，先進的な自治体が使い出した言葉」である[1]。そのため，自治体が使用する場合の「まちづくり」という用語には，平仮名表記の柔和なイメージによって，住民の生活基盤を整備するような行政過程に，住民が気構えすることなく参画することを促進するためのムードづくり，といった意味合いが含まれているであろう。

　このような意味で，自治体がまちづくりという語を用いた条例に，静岡県掛川市における「生涯学習まちづくり土地条例」がある。掛川市は，1979（昭和

54) 年に生涯学習宣言を行った。その後，1990（平成2）年に地球・美観・徳育都市を宣言し，その翌年の1991（平成3）年には「掛川市生涯学習まちづくり土地条例」を制定した。その総則の第1条で，「この条例は，土地が市民のための限られた生態系にも係る貴重な資源であって，地域社会を存立させている共通の基盤であることにかんがみ，土地の公共性に基づくその適正利用に関する生涯学習並びに市民主体の土地施策の策定及び実施における積極的な市民参加について定め，もって快適で良質なまちづくりに資することを目的とする」ために，この条例が制定されたことが明記されている。つまり，都市計画，都市開発，地域開発あるいは総合計画などを，上に述べたように，住民に親しみやすい用語である「まちづくり」と呼び，「生涯学習」と「市民参加」を基本としたまちづくりを推進している。

　さらには，同条例の第17条（土地に関する生涯学習の奨励）では，「市長は，土地に関する生涯学習のための講座，討論会，講習会その他の集会を開催し，又はそれを奨励するものとする」と規定し，講座や討論会などの集会における住民の学びを重要視していることがうかがえる。このように掛川市では，生涯学習を教育の枠組みのなかでとらえるのではなく，自治体の基本政策として総合的に位置づけ，行政過程への住民の「参加」を促進するための方策としてとらえている。なお，まちづくりと生涯学習の関係を考えるうえで鍵となっている「参加」の概念については，第3節以降で検討する。

（2）　住民主体のまちづくりの登場

　次に，住民による草の根的な運動としてのまちづくりについて，整理してみよう。

　現在では，市民活動・NPO活動の機運の高まりとともに，住民が自発的に組織を結成したうえで，まちづくりを実践する事例が全国各地で百花繚乱のごとく展開されている。そもそも，こうした住民主体のまちづくりが全国各地で確認されるようになったのは，概ね1970（昭和45）年以降である[2]。

　一方の1970年以前のまちづくりについて，都市社会学者の奥田道大は，「行

政主導型のイニシアティブによる上意下達的な運動形態であり，地域の推進母体として，既成秩序としての町内会・部落会組織，また名望家型，地域の有力者型のリーダーの果たす役割が大きかった」と述べている[3]。このように，1970 年代以前のまちづくりのタイプとは，概ね行政主導型であり，行政組織の示したまちづくり政策に，地域のなかでも特定の住民層が協力するものであった。

　このようなタイプのまちづくりが主として展開されていた 1960（昭和 35）年には，所得倍増計画が発表され，その後日本は右肩上がりの高度経済成長を遂げることになる。それに伴って都市部に人口や資本が集中し，都市が急激に膨張した。都市部は，その地域にルーツをもたない多くの住民（新来住者）によって，構成されるようになった。他方では，地方の地域社会構造も激変した。都市部への人口の流出による地域の解体を余儀なくされたのである。その結果，都市化と過疎化という現象が各地で進み，人々に地域社会の共同性の喪失をもたらすことになったのである。

　こうした背景のもと，1970 年代前半に日本人が経験したオイルショックは，人々の価値観を大きく変容させた出来事であった。人々は経済成長一辺倒の価値観から，人生における潤いやゆとりを基本とした生きがいを求めるようになったのである。オイルショック直後の 1970 年代半ば以降，日本に経済の低成長時代が到来し，人々は解体された地域社会のなかに，新たな連帯感に基づく豊かな地域社会生活を求めるようになったのである。このような人々の価値観の転換が，現在，各地で展開されている住民主体のまちづくりを成立させる契機となった。住民のイニシアティブのもとに実践されるまちづくりでは，その活動を担う住民組織の構成員は，さまざまな職業に従事した多様な人々である。つまり，新たな共同性の追求という問題意識を共有する人々が，個人の自由な意思に基づいて自発的に組織を構成したうえで，地域生活に横たわる問題解決のために活動を実践していくのである。この点こそが，1970 年代以前のまちづくりとは，その性質を大きく隔てている点であろう。

第2節　生涯学習まちづくり
―「生涯学習まちづくり」という用語のとらえ方―

　第1節で言及した静岡県掛川市の「生涯学習まちづくり土地条例」という条例の名称にもみられるように，まちづくりと学習活動の関係を端的に示した用語として，「生涯学習まちづくり」がある。本節では，この「生涯学習まちづくり」という用語に含まれたさまざまな意味を検討する。

（1）　生涯学習のためのまちづくり

　中央教育審議会（1990年；以下，中教審）は，臨時教育審議会の第四次答申を受けて，生涯学習の基盤整備のため，「地域の生涯学習の中心機関となる生涯学習推進センター」を設置する施策を打ち出した。この1990（平成2）年に出された答申「生涯学習の基盤整備について」には，「地域の生涯学習の中心機関となる『生涯学習センター』（仮称）を設置し，自ら主催講座等の事業を行うとともに，放送大学の学習センターとなるなど各種の学習・教育機関との連携を図る方途を講ずる」とある。つまり，中教審の答申には，個人がそれぞれに生涯学習活動にアクセス可能な「まち」のなかで，個人の学習発達課題に応じた教養や，社会の変化に適合していくための知識や技術を習得していくような生き方を，国民に求めていることがみてとれる。こうした考えは，近年における社会の劇的変化，たとえば，情報化，国際化，高学歴化，都市化，職業能力開発の高度化などに，現代人が取り残されることなく順応していくためには，国民の生涯学習活動が不可欠であるという前提のもとに打ち出されたものである。

　このような認識より，「生涯学習まちづくり」は，人々の生涯学習活動が円滑に実施されるようなまちづくり，つまり，国民一人ひとりの学習環境を整備するという意味によってとらえられる。国や自治体が人々の個人的な学習活動を支援するために，地域社会の学習環境を整備という意味により，「生涯学習のためのまちづくり」と解釈できる。

（2）　生涯学習によるまちづくり

　上に述べた「生涯学習のためのまちづくり」のみではなく，「生涯学習によるまちづくり」という考え方も，地方自治体の政策に見いだすことができる。このような「生涯学習まちづくり」の先駆的事例として真っ先にあげられるのは，先述の静岡県掛川市における生涯学習まちづくり政策であろう。人材育成と住民参加に重きがおかれた掛川市の生涯学習まちづくり政策のなかには，岡本包治が論じる生涯学習の本質，つまり「学ぶことと生きることが連結し，学習活動とまちづくり活動が同一のレールの上で繰り広げられ，相互に補完・強化しあう」ことが盛り込まれている[(4)]。

　このように主体者および目的・方法をめぐって，さまざまに解釈され得る用語である「生涯学習まちづくり」に一定の解釈を付与したのが，生涯学習審議会である。1999（平成 11）年，生涯学習審議会は「学習の成果を幅広く生かす―生涯学習の成果を生かすための方策について―（答申）」のなかで，人々の学習活動の成果を「地域社会の発展」に幅広く還元していくような方策を提言している。つまり，地域発展を志向するまちづくりに，人々の生涯学習活動の成果を活かすようなしくみを構築することを，提言している。

　以上，行政用語の「生涯学習まちづくり」のさまざまなとらえ方について述べてきた。

（3）　人口減少時代における「学びと活動の循環」と「地域づくり」

　人生 100 年時代や Society5.0 の到来が叫ばれる現況下，2018（平成 30）年には，「人口減少時代の新しい地域づくりに向けた社会教育の振興方策について」（中教審答申）が出された。これは，上述の「生涯学習によるまちづくり」のように，地域発展を志向するまちづくりに，人々の生涯学習活動の成果を活かすような「学びと活動の循環」の具現化をめざしたものである。

　なお，近年のまちづくりに関する施策には，「地域づくり」という用語が多用される潮流がみられる。

　同答申では，社会教育の振興方策として，「人づくり・つながりづくり・地

域づくりに向けた具体的な方策」が次のとおり提言されている。それは，①学びへの参加のきっかけづくりの推進，②多様な主体との連携・協働の推進，③多様な人材の幅広い活躍の促進，④社会教育の基盤整備と多様な資金調達手法の活用などである。地域における人々の学びや活動を展開していくうえで，住民同士がつながるための基盤整備，そのための学びへの「参加」，そして「連携・協働」の重要性が提言されている。

　次節では，まちづくりを展開していくうえで必要不可欠な住民の学びや活動への「参加」という営為に着目してみたい。

第3節　住民参加の概念と実際

（1）　まちづくりにおける「参加」の概念

　まちづくりと生涯学習の関係を考えるうえで鍵となるものが，住民の「参加」である。この「参加」の概念について着目してみよう。

　参加には，大別すると次の2通りの形態がある。一つには，人々が行政事業に対して意見を述べることや，まちづくりの活動へ実際にかかわっていく，「直接参加」がある。二つには，直接参加に対して，投票権の行使による代表制度のような「間接参加」がある。本章において「参加」と呼ぶものは，いうまでもなく前者の直接参加の概念である。

　一口に参加といっても，参加には段階的な区分がある。たとえば，都市学者の田村明は，この参加のレベルを9段階に整理している。この9段階とは，次のようなものである。まず，住民が行政の主導するまちづくりに対して①「関心」を示す段階からはじまり，②「知識」を深め，行政組織への③「意見提出」，④「意見交換」，⑤「原案審議」，⑥「住民討議」へと発展する。さらに次の段階からは，前段階までに住民間に培われてきた知識や，住民討議の成果を活かして，⑦「住民管理」，⑧「住民立案」，⑨「住民主体」へと進む⁽⁵⁾。この9段階のなかで「住民主体」が，参加の到達点として位置づけられている。なお，田村明は，「住民」ではなく「市民」という用語を使用しているが，本章では「住

民」という用語で統一使用することとしたい。上述の9段階をふまえ，まちづくりにおける住民の参加のレベルを3段階に整理したものが，表7-1である。

① 第1段階

　住民が，自治体の推進するまちづくりや，まちづくりを担う民間組織の活動を実際に見聞きしたり，その情報（広報誌，掲示板，ホームページなど）にふれたりすることによって，わずかながらでもまちづくりに対して関心を抱くようになる段階である。やがて，まちづくりに関心をもった住民は，自治体や民間組織の提供する学習機会（まちづくりをテーマとしたシンポジウム，スタディ・ツアーなど）に参加し，そこでの学びを経験することによって，まちづくりについての知識を深めていく。

② 第2段階

　まちづくりに関する知識を有した住民が，自治体に対して自分たちの意見・要望を提出したり，原案を審議したり，そのために住民同士の討議を行うなど，あらかじめ設定された学習機会に参加することにとどまらずに，住民として積極的にアクションを起こしていく段階である。やがて，自治体の事業の一部を住民が担うようになったり，自治体によるまちづくりの施策とは別に，まちづくりの原案を住民独自の目線から立案したりするようになる。このように，住

表 7-1　まちづくりにおける住民の参加の段階

参加の段階	第1段階 住民参加（レベル1）	第2段階 住民参加（レベル2）	第3段階 住民主体
参加者の タイプ	まちづくりに興味・関心をもった人々	まちづくりにおける「知識」を深めた人々	具体的な生活課題を解決するために住民組織を結成した人々
参加形態	自治体やまちづくりを担う民間組織の事業枠内に設定された参加 （行政事業への協力）	自治体やまちづくりを担う民間組織の事業への積極的な参加（参画）	住民組織を管理・運営しながら，まちづくりを展開するもの
具体的な 参加形態	①関心　　②知識	③意見提出 ④意見交換 ⑤原案審議 ⑥住民討議	⑦住民管理 ⑧住民立案　⑨住民主体

民がまちづくりの企画・立案の段階から深く関与する場合，「住民がまちづくりに参画する」と呼ぶことがある。

③　第3段階

住民が第1段階および第2段階における学びを通じて，生活のなかから発見した課題を解決するために，自らを組織化する。この住民組織によって，行政事業とは別の次元で，まちづくりが展開される段階である。この段階が「住民主体」と呼ばれるものである。

(2)　「住民主体のまちづくり」―市民と自治体との協働によるまちづくり―

周知のとおり，東日本大震災の被災地では，平穏だった住民の生活が一瞬で激変し，今もなお深刻な生活課題をかかえながら不安な毎日を過ごしている住民が多い。そこで，地域を少しでも暮らしやすい環境に改善するため，住民が自らの生活に横たわる問題を発見し，住民組織を結成したうえで，地域に根ざしたさまざまな課題の解決に向けた取り組みを活発に実践している。

こうした活動の一つに，被災地において子どもの安心・安全な遊び場をつくる活動を行うNPO法人にじいろクレヨン（宮城県石巻市）がある。この活動の中心メンバーは，震災直後に避難所での生活を送る子どもたちのストレスの様子（無気力，無表情であったり，暴力や暴言をぶつけたりする様子）を目の当たりにし，子どもたちの拠り所となる場所を早急につくる必要性を認識した。いうまでもなく，こうした子どもたちは，津波による強い緊張感や恐怖感をもち，親や友だちとの分断による不安や，震災後の激変した生活によるストレスをかかえていた。活動の中心メンバーは，住居を津波によってさらわれた経験を有しながらも，取り留めた一命を地域のために役立てようと自らを奮起させ，志を一にする住民とともに，避難所の一角を活用して「石巻こども避難所クラブ」をスタートし，子どもたちがピアニカの合奏，鬼ごっこ，フィンガーペイントなどの遊びを通じて，ストレスを発散できる活動を行った。

やがて被災者が避難所から仮設住宅に移住するようになると，活動場所を仮設住宅および地域の集会所に移し，子どもが遊びを通して，のびのびと自己

表現することのできる居場所づくり活動を安定的に実施するため，活動組織を
NPO法人化した。仮設住宅には抽選に当たった市内全域の住民が順番に入居
したために，近隣関係を一から築くことが求められた。そのため，NPO法人
にじいろクレヨンは，仮設住宅における暮らしを通して，仮設住宅のなかに子
どもを見守るおとなを増やすことの必要性を生活課題としてあげ，そこに住ま
う人々の交流を図る「コミュニティ作り事業」(成人対象の交流会やワークショッ
プ)を実施した。

　現在，NPO法人にじいろクレヨンは上述の事業を中心として，地域の大学
と連携した野外遊び事業，プレーパーク事業など，活動の幅を広げ，より多く
の地域の子どもや地域内外のボランティアの参加を得て(震災後3年間の参加者
数はのべ約3万人)，他組織と協働関係を構築しながら，地域の子どもの育ちを
支援することを目的としたまちづくりを実施している[6]。

第4節　地域を創造する住民の学び

(1)　住民の「生涯学習によるまちづくり」

　現在「生涯学習まちづくり」は，第2節で述べたように，中央政府や自治体
が生涯学習のインフラ整備を行う「生涯学習のためのまちづくり」にとどまら
ず，自治体の要請に応じて住民の学習成果をその施策に活用するものや，住民
独自の学習活動をまちづくりに反映させるものをさす「生涯学習によるまちづ
くり」として，各地で創意工夫を凝らした手法によって展開されている。

　このような手法をとったまちづくりの先進事例として，多くのまちづくりの
実践家や研究者の注目を集めてきた事例に，秋田県鷹巣町(現北秋田市)にお
ける「福祉のまちづくり」がある[7]。この鷹巣町におけるまちづくりの手法が
なぜ注目を集めているのかというと，その過程に必要不可欠なものとして，住
民の学習活動がしっかりと位置づけられているからである。そもそも鷹巣町の
「福祉のまちづくり」は，この町のかかえる高齢者介護問題を解決するために，
首長がそれを政策課題として掲げたことに端を発する。国内外から福祉の専門

表 7-2　ワーキング・グループ（WG）とそのテーマ　　　　　（2000 年度）

No.	テーマ	具体的な活動内容
1	ボランティア活動	ボランティア活動に参加するための研修を行う
2	福祉行政について	福祉情報の発信と福祉行政のチェックなどを行う
3	住宅環境について	住宅改善の啓蒙と建築材料のリサイクルなど
4	在宅介護について	在宅福祉サービスの成果，効果の評価，改善案の提示
5	補助器具の研究	高齢者・身障者の快適生活と社会参加の実現
6	ケアタウンの運営	ケアタウン運営へのボランティアの参加
7	身障者プランについて	身障者の声を反映した福祉プランの作成
8	子育てエンゼルプラン	具体的なプランの作成
9	介護保険について	問題点，課題の抽出と改善提案
10	バリアフリーのまちづくり	車椅子に乗り，町内をチェック

家を招聘して住民対象のシンポジウムや討議会を開催したり，行政過程に住民の意見を幅広く取り入れるため，「福祉のまちづくり」を中心的に検討するワーキング・グループ（以下，WG）のメンバーを，町の広報を通じて公募したりするなど，行政主導によって多様な住民対象の学習機会が設定された。

　このWGにおける学習活動こそが，住民が自らの学習活動の成果をまちづくりに反映する，「生涯学習によるまちづくり」のしくみを構築したのである。当初，公募に応じた町民60人が集って，WGを結成した。そこで，メンバーが福祉について関心のあるテーマを10項目あげ，それを入念に検討するための小グループを編成した（表 7-2 参照）[8]。グループ・ワークを基本とした住民の学習会は，昼夜を問わず町のいたる場所で開催された。この学習会や福祉の先進国であるデンマークやドイツへのスタディ・ツアーを実施し，住民（WG）はますますまちづくりに対する「意識」を高め，福祉分野における「専門知識」を行政側と対等に議論していくほどまでに深めていった。その成果として，住民の生活者としての要望が十分に取り入れられた高齢者福祉施設「ケアタウンたかのす」が完成した。地域の福祉の拠点「ケアタウンたかのす」のあらゆる施設（居室の内部，子どもから高齢者までが寛ぐことのできる共同スペース，感覚を呼び覚ます美しい庭など）には，住民（WG）の学習成果が反映されている。このように，住民（WG）の学習成果が行政過程に取り入れられるようになると，住

民（WG）側にもまちづくりの担い手としての自覚が芽生え，「責任」を有するようになる。以上の鷹巣町の「福祉のまちづくり」の実践は，住民による学習活動と自治体のまちづくり政策が，同一のレールのうえで連動しながら展開された好事例である。

（2）　地域文化を追究する住民の学び

　地域文化とは，二つの次元でとらえられるであろう。一つには，地域の風土的，地理的，歴史的な諸条件を基盤として，その地域に住まう人々のなかに形成され，営々と育まれてきた思想である。二つには，その思想を基盤として形成されてきた生活スタイル，景観（史跡），さまざまな産物，人物などである。

　こうした地域文化を追究した学びに，「地域学」「地元学」と呼ばれるものがある。この「地域学」「地元学」には，「横浜学」や「但馬学」のように，民間団体や住民グループが自分たちの生活する地域に改めて目を向けることから出発する学びと，「いわて地元学」や「にいがた地元学」のように，自治体が地域振興や生涯学習政策の一環として推進している学びがある[9]。

　「地域学」「地元学」の手法として代表的なものには，たとえば，地域の歴史を遡って分析したり，その過程で地域史の専門家や生き証人である高齢者を対象としたインタビューを試みたり，史跡に実際に足を運んで調査を行うなど，地域の歴史を学ぶものがある。こうした一連の学びの過程で，学習者である住民は地域文化に対する理解を深め，その学びの成果を資料としてまとめ，地域内外に発信する活動を行っている。たとえば，NPO法人伊東市文化史蹟保存会（静岡県）は，自分たちが調査した地域の歴史を漫画本として編集し，地域の子どもたち（小学校）に配布する活動を実施している。

　他方，地域の過去ばかりではなく，現在の姿に目を向けて，地域ならではの暮らしのありようを検討したうえで，新たな生活スタイルを模索するような活動もある。たとえば，住民が安全かつ安心な食生活を考えるうえで，地場の産物に関する学習を実施し，それが地産地消という生活スタイルを構築するようなケースがある。多くの地域で住民グループが地場産物や，それを活用した

商品開発を行い市場に発信するものも，こうした活動の一形態である。これは，地域の「食」に関する住民の学びとビジネスが連結したケース，つまり住民の学びがコミュニティ・ビジネス（地域住民が主体となり，ビジネスの手法を用いて地域課題を解決する取組み）に発展したものである。

　それぞれの地域でなければ実現できない固有の活動，つまり，地域の風土的，地理的，歴史的な諸条件を活かした活動が，その地域に在住する人々の考え方や手法に基づいて展開されることそのものに，意義を見いだすことができる。なぜならば，こうした活動は，全国画一的ではない特色ある地域社会を，人々の学びによって形成していく営み，つまり，地域を創造する学びとしてとらえられるからである。

注

(1)　田村明『まちづくりの実践』岩波書店，1999年，32頁。
(2)　柴田彩千子「市民主体のまちづくり活動の成立」『日本女子大学大学院人間社会研究科紀要』第10号，2004年，61-71頁。
(3)　奥田道大『都市と地域の文脈を求めて』有信堂，1993年，138頁。
(4)　岡本包治「生涯学習の研究とは何か」『日本生涯教育学会年報』第20号，1999年，Ⅱ頁。
(5)　注(1)前掲書，130-131頁。
(6)　NPO法人にじいろクレヨンへのヒヤリング調査による。本調査は，科学研究費助成事業「平成24年度〜26年度：被災地における子ども支援事業を行う成人の学びと地域の教育力に関する研究（若手研究（B），課題番号24730668）研究代表：柴田彩千子」の一環として行ったものである。
(7)　鷹巣町の住民参加型の福祉のまちづくりの詳細は，羽田澄子演出の記録映画『続「住民が選択した町の福祉」問題はこれからです』(1999年)に詳しい。
(8)　藤澤研二『コミュニティ「力」の時代』水曜社，2003年，45頁。
(9)　廣瀬隆人「地域学・地元学の現状と展望」『季刊東北学』第6号，柏書房，2006年，72-88頁。

参考文献

池上惇・小暮宜雄・大和滋編著『現代のまちづくり　地域固有の創造的環境を』丸善，2000年。
伊藤裕夫・片山泰輔・小林真理・中川幾郎・山﨑稔恵『新訂アーツ・マネジメント概論』水曜社，2004年。
田村明『まちづくりの実践』岩波書店，1999年。

第8章　グローバリゼーションと生涯学習

第1節　経済と文化のグローバリゼーション

（1）　経済のグローバリゼーション

　1990 年代以降，生涯学習の領域でも「グローバリゼーション」に関する議論が活発に交わされるようになった。国境にとらわれない，世界が一つであるという感覚と，それに起因する諸問題が，私たちの生活に影響を及ぼしはじめたからである。

　経済のグローバリゼーションは，貿易や金融の自由化・情報化を促進し，人や技術，情報，資本をいちばん有利な場所へ誘う力をもつ。それは少数の勝者と多数の敗者を生み出すダイナミズムとなり，格差を生産しつづける。めまぐるしく商品が入れ替わる 24 時間営業の店がある社会と，生活の糧となる農地や森林を失い続け必需品すら事欠く社会。工場の海外移転により人件費と環境に対する負荷の軽減を同時に実現する社会と，雇用主の意向によって簡単にレイオフされるかもしれない不安定雇用と環境汚染とを同時に引き受けなければならない社会。南北間の問題だけではない。豊かな社会のなかの貧困や格差の世代間連鎖，貧しい社会のなかで進む富の寡占など，同じ社会のなかの不平等も明らかになってきた。

（2）　文化のグローバリゼーション

　他方で，文化のグローバリゼーションも勢いを増している。かつて洋裁店や食堂が立ち並んだ駅前の商店街に，ぽつぽつとチェーン店が入り込み，やがて客も店もまばらになって「シャッター通り」となる過程を私たちはこの 20 年間，

目撃しつづけてきた。職人の手による仕立服よりも既製品を好み，コックのつくる料理よりも均一な味つけのファストフードを選ぶ消費者。1円でも安い商品を提供しようと巨大化する店舗。国道沿いの巨大モールで，他人と最低限の言葉しか交わさないショッピングや，シネコンでの映画鑑賞が息抜きになる生活。これは経済問題である以上に，人々の嗜好を均質化させ，地域に蓄積されてきた慣習や人間関係を阻害する点で，文化問題である。アメリカの社会学者ジョージ・リッツァ（Ritzer, G.）は，サービス業の発展が，効率性，計算可能性，予測可能性，システム制御の原理を現代社会の隅々まで浸透させ，人々の暮らしが合理化されていくことを「マクドナルド化」と呼び，批判的に描写した[1]。1990年代以降，規制緩和を繰り返してきた日本でも，急激な勢いでこのマクドナルド化が進行している。

　経済的そして文化的グローバリゼーションは，生涯学習の研究や実践にどのような影響を与えているのだろうか。急激な社会変化は，「学習」という一見悠長な行為とどんな関係があるのだろうか。本章では，このような問題を，国際機関の取り組みや社会学者の議論に照らし合わせ，考えていきたい。

第2節　グローバルな課題に対応する教育

（1）　開発教育のあゆみ

　グローバリゼーションは，世界各国に共通する課題を明らかにする。1948年，「すべて人は教育を受ける権利を有する」とうたった「世界人権宣言」の理念は，その後，1990年「万人のための教育世界宣言」へと受け継がれ，初等教育の普遍化，教育の場における男女格差の是正，識字率の改善などを目標とした「万人のための教育」（Education for All : EFA）の実現に向けた取り組みへと継承されている。なかでも20世紀半ば以降，経済的要因と社会的要因の両者に焦点を当て，多様な要因によって引き起こされる貧困状態からの自立支援を課題としてきた開発教育は，近年，重要度を増している。

　開発教育が注目されるきっかけは，1955年インドネシアのバンドンで開催され

たアジア・アフリカ会議（バンドン会議）にさかのぼる。第二次世界大戦，多くのアジア・アフリカ諸国が独立を遂げたものの，植民地時代の従属的な経済構造を継承せざるをえない新興国にとって，経済的な自立を達成するのは困難だった。また米ソの冷戦構造が新たなる戦禍を引き起こしてもいた。このような状況のなか，アジア諸国が中心となって，「反帝国主義，反植民地主義，民族自決の精神」などの原則を確認し，アジアとアフリカの連帯をうたうバンドン 10 原則が採択された。この会議は開発途上国の地位に対する国際社会の関心を集め，南北格差の問題がもはや当事者だけに着せられるものではなく，先進国の無関心によるものだとの理解を広めることとなった。

　1973 年に発表されたユネスコと FAO による調査に基づく報告書（『工業国における学校内開発教育』）では，① 児童生徒に第三世界諸国と工業国との関係を知らせること，② 児童生徒に人種の違いや学校内外の社会的不平等について自分の意見が表明できるようにすることなどが提案された。開発教育は，単なる経済発展をめざすための教育ではなく，開発途上国と先進工業国とがともに現在の問題を理解しあい，社会的，文化的，政治的な問題として取り組む実践であるとの認識が共有されるようになった。

　現在，開発教育とは，貧困・飢餓，紛争・戦争，環境破壊，人権侵害といった課題に対し，文化，民族，宗教的背景の異同にかかわらずともに考えともに解決するためのアクションを準備する教育だと理解されている。開発とは何かという根源的な問いを発し，問題の理解や共有，解決や，公正な社会の実現をめざす開発教育は，子どもから成人までを対象とする生涯学習の重要な課題となっている。

（2）　環境教育のあゆみ

　他方，環境教育は，1980 年代になってから急速に注目されるようになった教育分野である。ノルウェーのブルントラント元首相（Brundtland, G. H.）が議長を務めた国連の「環境と開発に関する世界委員会」が 1987 年に発表した報告書『われわれに共通する未来』には，環境問題の深刻な状況を反映し，持続可能な開発に関する提案が盛り込まれた。報告書によると持続可能な開発とは，「招

来世代のニーズを満たす能力を損なうことなく，今日世代のニーズを満たすような開発」であり，開発途上国と先進工業国の両者にとっての持続可能性の追求が目標として設定された。以後，1992年にはブラジルのリオデジャネイロで国連環境開発会議（地球サミット）が開催され，地球環境のための行動計画（アジェンダ21）が採択された。また，1997年には日本の京都市で第3回気候変動枠組み条約締約国会議が開催され，2008年からの5年間で削減すべき温室効果ガス排出量についても定めた京都議定書を採択した。2015年のパリ協定においては，2020年以降の気候変動問題に関する国際的な枠組みが話し合われ，日本は温室効果ガスを2013年度比で26％減少させるという中期目標が定めている。

　日本政府もまた，温暖化や自然破壊など地球環境の悪化が深刻化し，環境問題への対応が人類の生存と繁栄にとって緊急かつ重要な課題になっていると認識し，文部科学省をはじめとして，人々が環境問題に関する学習に取り組むことができるよう支援している。2005（平成11）年に環境省より打ち出された「環境保全の意欲の増進及び環境教育の推進に関する基本的な方針」は，2011（平成23）年に「環境教育等による環境保全の取組の促進に関する法律」となり，翌2012（平成24）年に施行された。この法律では，環境教育等の基盤強化や，環境行政への民間団体の参加および協働取組の推進が盛り込まれた。

(3)　ESD と SDGs

　このように展開してきた開発教育と環境教育は，現在，「持続可能な開発のための教育」（Education for Sustainable Development : ESD）を構成する重要な領域となっている。ESD は，環境，貧困，人権，平和，開発といった世界に共通する課題を自らの問題としてとらえ，身近なところから取り組む（think globally, act locally）ことにより，それらの課題の解決につながる新たな価値観や行動を生み出し，持続可能な社会の創造をめざす学習や活動を意味している。

　2002年，南アフリカのヨハネスブルグで持続可能な開発に関する世界首脳会議（ヨハネスブルグサミット）が開催され，2005（平成17）年1月からの10年間を「持続可能な開発のための教育の10年（Decade for Education for Sustainable

Development : DESD)」と定めた。2012年にリオデジャネイロ（ブラジル）で行われた「国連持続可能な開発会議（リオ＋20）」の成果をまとめた『我々が望む未来（The Future We Want）』において，加盟国は，「ESDを促進すること及びDESD以降も持続可能な開発をより積極的に教育に統合していくことを決意すること」に合意した。これを受け，2013年11月の第37回ユネスコ総会において，2005～2014年を対象とするDESDを引き継ぐ，「ESDに関するグローバル・アクション・プログラム（GAP）」が採択された(2)。GAPの特徴は，問題解決の行動につながる参加型学習を重視している点，「気候変動，防災，生物多様性及び持続可能な消費と生産の相関的な問題」といった貧困問題や開発，環境問題に隣接する新たな課題が示された点，またフォーマル，ノンフォーマル，インフォーマルな教育，そして幼児から高齢者までの生涯学習を想定している点があげられる。

2015年，国連で合意された持続可能な開発目標（Sustainable Development Goals : SDGs）は，ESDが主な領域と想定する教育分野よりも広い範囲で採用されることを念頭に採択された目標である。SDGsは世界共通の17の目標と，目標ごとに定められた169のターゲットから構成されており，国連に加盟している193カ国の国や地域が2030年までの実現をめざしている。SDGsが採択された背景には，グローバリゼーションの深化の背景に，都市における貧困，経済的格差，地球温暖化による気候変動など，発展途上国だけではなく先進国こそがイニシアティブをとって進めなければいけない課題が明らかになったことがある。17の目標のなかには，貧困の解決，質の高い教育機会の実現，ジェンダー平等の実現など，私たちにとって重要な社会的課題が含まれている(3)。

第3節　グローバリゼーション時代に生きる個人

（1）再帰性がもたらす重圧

グローバリゼーションは，世界の問題として語られることはあっても，私たち一人ひとりの問題として語られることは多くはない。国際機関が扱う社会問題だと認識することができても，それが自分と関係があるとは思えず，どこか

遠い場所での話に聞こえるからだろう。しかし本当に，グローバリゼーションと個人は疎遠な関係にあるのだろうか，それとものっぴきならない問題が進行しているのだろうか。

　イギリスの社会学者アンソニー・ギデンズ（Giddens, A.）は，グローバリゼーションが個人に与える影響について研究を進めてきた。ギデンズは現代人が，伝統や習慣を頼りにし，選択の余地のない安定したライフコースを生きた過去と比べ，生きる意味の探求や人生のさまざまな岐路を前に，何にも頼ることなく選択しつづけなければならない宿命にあると指摘する。ある選択を下しつつも，その結果，自分にどのような結果がもたらされるのかを同時に考えなければならないこと——ギデンズはこれを再帰性（reflexivity）と呼んだ[4]。

　過去から未来を思い描き，自己分析を繰り返し，最適な解を常に導き選択しつづけなければいけない毎日は容易でない。個人にとっても大きな重圧となる。私たちは，知らず知らずのうちに，パッケージ化されたアイデンティティや，誰かの意見に追随したくなる誘惑と常に隣り合わせになっている。自分の運命を言い当ててくれる占い師を信じたり，ニュースキャスターが自分の意見を代弁してくれているかのような錯覚にとらわれたりするのはそのためである。

（2）　重圧が形成する学習社会

　しかし多くの人は誘惑に耐え，リスクを回避しながらも最適である解を求めて自ら学習し続ける主体となることを選び取る。スコットランドの教育学者ジョン・フィールド（Field, J.）は，このような状況が，多くの人を学習へと駆り立てていると指摘する。なぜなら，多くの社会で成人が組織的学習に生涯にわたって参加する現象や，ノンフォーマルな学習（第1章のノンフォーマル・エデュケイションの説明を参照）が日常生活に浸透し，しかも一定の価値が認められる現象が見られるからである。フィールドによると，グローバリゼーションの重圧こそが学習社会を形成している[5]。

　たしかに，現代社会は，余暇がある人だろうとない人だろうと，学習しなければならないとの重圧が個人にかかりつづける社会である。一定の知識を伝達

する「教育」が行きわたった社会では，政府も民間の組織も，生きがいのため，地位向上のため，経済的豊かさのためといった理由を並べ，人々を学習へと誘う。高等教育機関やカルチャーセンターの多彩で魅力的なカリキュラムを見ると，私たちはいつも何かが不足しているのではと不安に思う。フィールドが「新しい成人学習（new adult learning)」と名づける一連のノンフォーマルな学習，すなわちスタディツアー，フィットネスセンターやスポーツクラブでのエクササイズ，ウェブやメールマガジンの閲覧，DVD やビデオ学習はこのようにして，私たちの日常に定着した[6]。しかしなぜ，私たちは「学習」するのだろうか。

（3）「自分自身との闘い」と学びの展開性

　グローバリゼーションの時代に生きる個人をとりまく学習環境の研究を続けるフィールドは，新しい成人学習の動機を「自分自身との闘い」であると説明する。年金生活者が学位取得の必要がないにもかかわらず大学院に進学し膨大な課題に取り組むのは，自分自身と闘うためである。学習している期間は，自分自身の可能性を高めると信じることができる。健康な人々がスポーツクラブでフィットネスに励むのも，自分自身と闘うためである。身体を動かしている時間は，自分自身が向上すると実感できる。学習は，自分の才能，自分の身体，自分のアイデンティティに対して再帰的な自己になるための手段となる。目標とその達成という秩序を可能にしてくれるという意味で，安心して取り組むことのできるプロジェクトでもある。

　さらに学習は，グローバリゼーションの生み出す圧倒的な経済格差や，画一的で均質化された社会の閉塞感に立ち向かうための第一歩にもなりうる。自分のための学習を続けるうちに，地域社会のかかえる問題に気づき，それがグローバリゼーションとも密接につながることを理解することもある。SDGs の4番目には「質の高い教育をみんなに」という目標が，また 11 番目には，「住み続けられるまちづくりを」という目標が設定されている。前者においては教育機会の均等，職業訓練の平等な機会，質の高い高等教育機会の提供を通して，ジェンダーと貧富による格差を解消することが目標とされている。後者におい

ては，都市化の進行により脅かされる居住環境や環境問題に対応するために，安全で手頃な価格の住宅へのアクセス，スラム地区の改善，公共交通機関への投資，緑地の整備，災害への対策などを，参加型で包摂的な方法で都市空間の整備や管理を進めることの必要性を提起している(7)。

　自分とは疎遠な社会問題も，学習を通して理解を深めることができる。個人にとっての学習をある種の「逃避」に変えることなく，自己目的化させないためには，学びがもたらす展開性を身近に感じられるような環境づくりが望まれる。学習と活動との循環は，社会にとっても個人にとっても，学びを豊かにする条件の一つだと考えられる。

第4節　日本のなかのグローバリゼーション

（1）　内なる国際化

　社会にとってのグローバリゼーションは，日本社会においても急速に進行している。法務省によると，2018年末における在留外国人数は約273万人で，前年末に比べ約17万人増となっており，総人口の約2.2％を占める(8)。在留カードおよび特別永住者証明書上に表記された国籍・地域の数は195で，上位から中国，韓国，ベトナム，フィリピン，ブラジルと続く。在留資格別では，永住者が最も多く約77万人，次いで留学生，技能実習，特別永住者と続く。国境を越えた人の移動は，日本社会の内外でみられる。

　日本における在留外国人が増加している背景には，1990年の入国管理法改正による在留資格制度の整備がある。1980〜90年代は，海外への旅行客や企業の海外進出も増加し，日本が国際化の時代を迎えたとされている。それは同時に次の二つの局面にみられる「内なる国際化」が進行した時期でもある。一つは，主に就労を目的に渡日する「ニューカマー」とその家族に対する支援の必要性が明らかになったことであり，もう一つは，日本企業の海外進出によって海外・帰国子女が増え，帰国後の日本社会への適応が課題となったことである。内なる国際化の議論は，主に日本語指導を含む国際理解教育の枠組みで

取り上げられることになった。

　ただし，「内なる国際化」は次の二つの点で注意を必要とする。第一に，日本に何世代にもわたり居住する外国につながる人々を「オールドタイマー」もしくは「オールドカマー」と位置づけてニューカマーと区別することで生じる問題がある。19 世紀末から 20 世紀前半にかけて，韓国や中国から強制連行も含めた何十万人もの労働者を受け入れてきたにもかかわらず，その子孫に対する差別的な扱いも含めた経験が何もなかったかのように，1980 年代になってはじめて内なる国際化が始まったとする考え方は，結果的にオールドカマーの軽視につながるのではないかと指摘されている [9]。第二に，国際化を国と国の関係で理解しようとするかぎり，生活や文化や経験を共有する多文化化の実態に迫ることができない可能性が高いという点である。国際化を日本人と「外国人」という違いに収斂させる思考枠組みは，日本社会内が同質的であり，「外国」がおしなべて異質であるという対立を強調し，社会のなかの多様性を覆い隠す [10]。このような点から，現在では，国際化よりもグローバリゼーション，すなわち国と国の関係を超えて人やモノが地球規模で交流する現象のもとに，日本国内の多文化化を見直そうとする視点が主流になっている。

（2）　多文化共生社会の実現に向けて

　人の移動を伴うグローバリゼーションに対し，日本政府は「段階的，変則的」に外国人を受け入れてきた [11]。日本の入国管理制度では，在留資格に応じて滞在期間等の条件決められており，原則として単純就労を目的とする外国人の滞在を認めていない。ただし在留資格の条件を段階的に拡大することで事実上，受け入れを拡大してきたため，各地では在留外国人の数が増加している。このような国の対応は，二つの問題を生じさせている。一つは，人々がよく理解できないまま外国人人口が急増したことにより，誤解や偏見を生みやすい土壌を形成してしまったことであり，もう一つは，受け入れ後に必要となる日本語教育や多言語での情報保障といった施策を国として十分に用意しないまま受け入れが始まったことである [12]。これらの課題に応えようと，外国人が増加す

る地域では地方自治体を中心に，多文化共生の地域づくりが進められている。

　多文化共生および共生社会は，在日韓国朝鮮人や中国残留孤児，インドシナ難民等難民背景をもつ人々，ニューカマーなど外国につながる人々だけではなく，広義のマイノリティ，たとえばLGBTsや障がい者も含まれる広義の概念である（コラム参照）。生涯学習実践において期待されているのは，多文化共生および共生社会の観点から，従来の方法を見直すことである。たとえば，今までその地域で取り組んできたさまざまな学習プログラムやスポーツ教室などに，外国につながる人々が参加する場合，どのような点が障壁になりうるのかを検討する当事者も参加するような話し合いの場の設定が考えられる。あるいは，住民が企画し参加する国際交流の取り組みや啓発活動が，民族衣装を展示したり着用したりする「ファッション（fashion）」，エスニックフードを賞味したり調理したりする「フード（food）」，屋台や舞台，演奏会等のプログラムを中心とする「フェスティバル（festival）」の「3F」といった一過性のイベントに終始しないためには何ができるかを考えるというケースも想定できる。このとき，生涯学習という視点を導入することで，いずれの場合も豊かな学びの機会へと発展させることが可能になるだろう。その際には次の2点に留意する必要がある。第一に，学習プログラムやスポーツ教室，イベントにかかわった人たちが，その活動がいったん終了したあとにも気軽にかかわることができるよう，個別の活動を支援したり，自主グループの立ち上げを支援したりする点である。その際には，そのように活動を支援する支援者の視点が必要になるだろう。第二は，外国につながる人々や障がいのある人々が，そうでない人々と，地域のなかでともに学んだりつくり上げたりすることのできるような，一般的な学習プログラムを通した交流の機会を設定することである。多様な背景をもつ人々が，同じ地域に暮らす住民としてともに活動できるような場の設定が重要になるだろう。

　このように，多文化共生社会の実現のために生涯学習の枠組みを活用する大きな利点は，外国につながる人々など広義のマイノリティを異質なターゲット集団として区別することなく，スポーツ，レクリエーション，講座，ボランティア活動といった一般的なプログラムを通して，互いに学ぶ機会を設定できるこ

とにある。多文化共生および共生社会の観点にたつ地域づくりは，これからの日本社会にとってますます重要になると考えられる。

注

(1)　サービス業の発展が，効率性，計算可能性，予測可能性，システム制御の原理を現代社会の隅々まで浸透させ，人々の暮らしが合理化されていくこと（ジョージ・リッツァ／庄司寛司訳『マクドナルド化する社会』早稲大学出版部，1999 年）。

(2)　Antonia Finnane and Derek McDougall (eds.), 2010, Bandung 1955 : *Little Histories*, Monash University Press.

(3)　北村友人・佐藤真久・佐藤学編著『SDGs 時代の教育―すべての人に質の高い学びの機会を』学文社，2019 年。

(4)　アンソニー・ギデンズ／秋吉美都・安藤太郎・筒井淳也訳『モダニティと自己アイデンティティ』ハーベスト社，1991=2005 年。

(5)　ジョン・フィールド／矢野裕俊・埋橋孝文・赤尾勝己・伊藤知子訳『生涯学習と新しい教育体制』学文社，2000=2004 年，69-117 頁。

(6)　Field, J./Spnece, L., Social Capital and Informal Learning, 2000, pp.32-42, in F. Coffield (ed.), *The Necessity of Informal Learning*, Policy Press.

(7)　国連開発計画駐日代表事務所「持続可能な目標」(https://www.jp.undp.org/content/tokyo/ja/home/sustainable-development-goals.html) 2019/10/31 アクセス。

(8)　法務省「平成 30 年末現在における在留外国人数について」(http://www.moj.go.jp/nyuukokukanri/kouhou/nyuukokukanri04_00081.html) 2019/10/28 アクセス。

(9)　恒吉僚子「国際化と教育：『内なる国際化』の視点と日本の教育」『家計経済研究』No.67，2005 年 , 40-48 頁。

(10)　注 (8) 前掲書，42 頁。

(11)　田村太郎「都市問題としての多文化共生」『都市問題』2014 年，52 − 60 頁。

(12)　注 (10) 前掲書，55 頁。

参考文献

ロランド・ロバートソン／阿部美哉訳『グローバリゼーション』東京大学出版会，1992=1997 年。

アンソニー・ギデンズ／秋吉美都・安藤太郎・筒井淳也訳『モダニティと自己アイデンティティ』ハーベスト社，1991=2005 年。

斉藤純一『公共性』岩波書店，2000 年。

ジョン・フィールド／矢野裕俊・埋橋孝文・赤尾勝己・伊藤知子訳『生涯学習と新しい教育体制』学文社，2000=2004 年。

ロバート・パットナム／河田潤一訳『哲学する民主主義』NTT 出版，1994=2001 年。

北村友人・佐藤真久・佐藤学編著『SDGs 時代の教育―すべての人に質の高い学びの機会を』学文社，2019 年。

多文化共生社会と教育施策

多文化共生とは，国籍や民族などの異なる人々が，互いの文化的差異を認め合い，対等な関係を築こうとしながら，地域社会の構成員としてともに生きていくことを意味する[1]。日本では，1990年の入国管理法改正を機に増加するニューカマーの外国人に対し，受入都市が独自に対応策を練ってきた。全国的な動きがみられるようになったのは，2001年に設立された外国人集住都市会議の開催以降である。2003年総務省において学齢期にある外国人児童生徒に対する配慮を求める施策が提出されたのち，2005年総務省による「多文化共生の推進に関する研究会」を経て，2006年「地域における多文化共生推進プラン」が示された。これ以降，外国につながる人々と，それを受け入れる社会の双方の変容を前提とする多文化共生社会（multicultural society）が日本の政策目標になっている。

教育施策に関しては，文部科学省が中心となって対応してきた。2007年に外国人児童生徒の教育についての検討会を設置して以降，2011年『外国人児童生徒受け入れの手引き』が刊行されるなど，初等教育における受け入れ体制について検討された。2014年には学校教育法施行規則一部改正により，日本語指導が必要な子どもに対する「特別の教育課程」の編成が，2016年の教育機会確保法制定により，夜間中学が多様な背景をもつ人々にとっての学びの場として認められるなどの施策が実施され，2018年12月に閣僚会議で決定された「外国人材の受入れ・共生のための総合的対応策」では外国人児童生徒等への教育の充実に関しては，学校におけるきめ細かな指導体制の更なる充実，地域との連携・協働を通じた教育機会の確保と共生が提案されている。

多文化共生という考え方のなかには，在日韓国朝鮮人や中国残留孤児，インドシナ難民等難民背景をもつ人々，ニューカマー，さらにはLGBTsや障がい者なども広く包括する広義の理解も広まっている。外国につながる人々を対象とする日本語学習支援や社会参画への支援に加え，異文化に対する理解を深める異文化理解や，複数の文化にまたがって育つ人々の望ましい成育のあり方を実現する異文化間教育の観点からも，生涯学習の新たな取り組みが期待されている。

（坂口　緑）

注
(1)　総務省，2006，「地域における多文化共生推進プラン」。

生涯学習の関連法律

○教育基本法 （平成18年12月22日 法律第120号）

教育基本法（昭和22年法律第25号）の全部を改正する。

我々日本国民は，たゆまぬ努力によって築いてきた民主的で文化的な国家を更に発展させるとともに，世界の平和と人類の福祉の向上に貢献することを願うものである。

我々は，この理想を実現するため，個人の尊厳を重んじ，真理と正義を希求し，公共の精神を尊び，豊かな人間性と創造性を備えた人間の育成を期するとともに，伝統を継承し，新しい文化の創造を目指す教育を推進する。

ここに，我々は，日本国憲法の精神にのっとり，我が国の未来を切り拓く教育の基本を確立し，その振興を図るため，この法律を制定する。

第1章　教育の目的及び理念

（教育の目的）

第1条　教育は，人格の完成を目指し，平和で民主的な国家及び社会の形成者として必要な資質を備えた心身ともに健康な国民の育成を期して行われなければならない。

（教育の目標）

第2条　教育は，その目的を実現するため，学問の自由を尊重しつつ，次に掲げる目標を達成するよう行われるものとする。

一　幅広い知識と教養を身に付け，真理を求める態度を養い，豊かな情操と道徳心を培うとともに，健やかな身体を養うこと。

二　個人の価値を尊重して，その能力を伸ばし，創造性を培い，自主及び自律の精神を養うとともに，職業及び生活との関連を重視し，勤労を重んずる態度を養うこと。

三　正義と責任，男女の平等，自他の敬愛と協力を重んずるとともに，公共の精神に基づき，主体的に社会の形成に参画し，その発展に寄与する態度を養うこと。

四　生命を尊び，自然を大切にし，環境の保全に寄与する態度を養うこと。

五　伝統と文化を尊重し，それらをはぐくんできた我が国と郷土を愛するとともに，他国を尊重し，国際社会の平和と発展に寄与する態度を養うこと。

（生涯学習の理念）

第3条　国民一人一人が，自己の人格を磨き，豊かな人生を送ることができるよう，その生涯にわたって，あらゆる機会に，あらゆる場所において学習することができ，その成果を適切に生かすことのできる社会の実現が図られなければならない。

（教育の機会均等）

第4条　すべて国民は，ひとしく，その能力に応じた教育を受ける機会を与えられなければならず，人種，信条，性別，社会的身分，経済的地位又は門地によって，教育上差別されない。

2　国及び地方公共団体は，障害のある者が，その障害の状態に応じ，十分な教育を受けられるよう，教育上必要な支援を講じなければならない。

3　国及び地方公共団体は，能力があるにもかかわらず，経済的理由によって修学が困難な者に対して，奨学の措置を講じなければならない。

第2章　教育の実施に関する基本

（義務教育）

第5条　国民は，その保護する子に，別に法律で定めるところにより，普通教育を受けさせる義務を負う。

2　義務教育として行われる普通教育は，各個人の有する能力を伸ばしつつ社会において自立的に生きる基礎を培い，また，国家及び社会の形成者として必要とされる基本的な資質を養うことを目的として行われるものとする。

3　国及び地方公共団体は，義務教育の機会を保障し，その水準を確保するため，適切な役割分担及び相互の協力の下，その実施に責任を負う。

4　国又は地方公共団体の設置する学校における義務教育については，授業料を徴収しない。

（学校教育）

第6条　法律に定める学校は，公の性質を有するものであって，国，地方公共団体及び法律

に定める法人のみが，これを設置することができる。

2 前項の学校においては，教育の目標が達成されるよう，教育を受ける者の心身の発達に応じて，体系的な教育が組織的に行われなければならない。この場合において，教育を受ける者が，学校生活を営む上で必要な規律を重んずるとともに，自ら進んで学習に取り組む意欲を高めることを重視して行われなければならない。

（大学）

第7条 大学は，学術の中心として，高い教養と専門的能力を培うとともに，深く真理を探究して新たな知見を創造し，これらの成果を広く社会に提供することにより，社会の発展に寄与するものとする。

2 大学については，自主性，自律性その他の大学における教育及び研究の特性が尊重されなければならない。

（私立学校）

第8条 私立学校の有する公の性質及び学校教育において果たす重要な役割にかんがみ，国及び地方公共団体は，その自主性を尊重しつつ，助成その他の適当な方法によって私立学校教育の振興に努めなければならない。

（教員）

第9条 法律に定める学校の教員は，自己の崇高な使命を深く自覚し，絶えず研究と修養に励み，その職責の遂行に努めなければならない。

2 前項の教員については，その使命と職責の重要性にかんがみ，その身分は尊重され，待遇の適正が期せられるとともに，養成と研修の充実が図られなければならない。

（家庭教育）

第10条 父母その他の保護者は，子の教育について第一義的責任を有するものであって，生活のために必要な習慣を身に付けさせるとともに，自立心を育成し，心身の調和のとれた発達を図るよう努めるものとする。

2 国及び地方公共団体は，家庭教育の自主性を尊重しつつ，保護者に対する学習の機会及び情報の提供その他の家庭教育を支援するために必要な施策を講ずるよう努めなければならない。

（幼児期の教育）

第11条 幼児期の教育は，生涯にわたる人格形成の基礎を培う重要なものであることにかんがみ，国及び地方公共団体は，幼児の健やか

な成長に資する良好な環境の整備その他適当な方法によって，その振興に努めなければならない。

（社会教育）

第12条 個人の要望や社会の要請にこたえ，社会において行われる教育は，国及び地方公共団体によって奨励されなければならない。

2 国及び地方公共団体は，図書館，博物館，公民館その他の社会教育施設の設置，学校の施設の利用，学習の機会及び情報の提供その他の適当な方法によって社会教育の振興に努めなければならない。

（学校，家庭及び地域住民等の相互の連携協力）

第13条 学校，家庭及び地域住民その他の関係者は，教育におけるそれぞれの役割と責任を自覚するとともに，相互の連携及び協力に努めるものとする。

（政治教育）

第14条 良識ある公民として必要な政治的教養は，教育上尊重されなければならない。

2 法律に定める学校は，特定の政党を支持し，又はこれに反対するための政治教育その他政治的活動をしてはならない。

（宗教教育）

第15条 宗教に関する寛容の態度，宗教に関する一般的な教養及び宗教の社会生活における地位は，教育上尊重されなければならない。

2 国及び地方公共団体が設置する学校は，特定の宗教のための宗教教育その他宗教的活動をしてはならない。

第3章 教育行政

（教育行政）

第16条 教育は，不当な支配に服することなく，この法律及び他の法律の定めるところにより行われるべきものであり，教育行政は，国と地方公共団体との適切な役割分担及び相互の協力の下，公正かつ適正に行われなければならない。

2 国は，全国的な教育の機会均等と教育水準の維持向上を図るため，教育に関する施策を総合的に策定し，実施しなければならない。

3 地方公共団体は，その地域における教育の振興を図るため，その実情に応じた教育に関する施策を策定し，実施しなければならない。

4 国及び地方公共団体は，教育が円滑かつ継続的に実施されるよう，必要な財政上の措置を講じなければならない。

（教育振興基本計画）

第17条　政府は，教育の振興に関する施策の総合的かつ計画的な推進を図るため，教育の振興に関する施策についての基本的な方針及び講ずべき施策その他必要な事項について，基本的な計画を定め，これを国会に報告するとともに，公表しなければならない。

2　地方公共団体は，前項の計画を参酌し，その地域の実情に応じ，当該地方公共団体における教育の振興のための施策に関する基本的な計画を定めるよう努めなければならない。

第4章　法令の制定

第18条　この法律に規定する諸条項を実施するため，必要な法令が制定されなければならない。

附　則

（施行期日）

1　この法律は，公布の日から施行する。

○生涯学習の振興のための施策の推進体制等の整備に関する法律

（平成2年6月29日
法　律　第71号）

最終改正（平成14年3月31日
法　律　第15号）

（目的）

第1条　この法律は，国民が生涯にわたって学習する機会があまねく求められている状況にかんがみ，生涯学習の振興に資するための都道府県の事業に関しその推進体制の整備その他の必要な事項を定め，及び特定の地区において生涯学習に係る機会の総合的な提供を促進するための措置について定めるとともに，都道府県生涯学習審議会の事務について定める等の措置を講ずることにより，生涯学習の振興のための施策の推進体制及び地域における生涯学習に係る機会の整備を図り，もって生涯学習の振興に寄与することを目的とする。

（施策における配慮等）

第2条　国及び地方公共団体は，この法律に規定する生涯学習の振興のための施策を実施するに当たっては，学習に関する国民の自発的意思を尊重するよう配慮するとともに，職業能力の開発及び向上，社会福祉等に関し生涯学習に資するための別に講じられる施策と相まって，効果的にこれを行うよう努めるものとする。

（生涯学習の振興に資するための都道府県の事業）

第3条　都道府県の教育委員会は，生涯学習の振興に資するため，おおむね次の各号に掲げる事業について，これらを相互に連携させつつ推進するために必要な体制の整備を図りつつ，これらを一体的かつ効果的に実施するよう努めるものとする。

一　学校教育及び社会教育に係る学習（体育に係るものを含む。以下この項において「学習」という。）並びに文化活動の機会に関する情報を収集し，整理し，及び提供すること。

二　住民の学習に対する需要及び学習の成果の評価に関し，調査研究を行うこと。

三　地域の実情に即した学習の方法の開発を行うこと。

四　住民の学習に関する指導者及び助言者に対する研修を行うこと。

五　地域における学校教育，社会教育及び文化に関する機関及び団体に対し，これらの機関及び団体相互の連携に関し，照会及び相談に応じ，並びに助言その他の援助を行うこと。

六　前各号に掲げるもののほか，社会教育のための講座の開設その他の住民の学習の機会の提供に関し必要な事業を行うこと。

2　都道府県の教育委員会は，前項に規定する事業を行うに当たっては，社会教育関係団体その他の地域において生涯学習に資する事業を行う機関及び団体との連携に努めるものとする。

（都道府県の事業の推進体制の整備に関する基準）

第4条　文部科学大臣は，生涯学習の振興に資するため，都道府県の教育委員会が行う前条第1項に規定する体制の整備に関し望ましい基準を定めるものとする。

2　文部科学大臣は，前項の基準を定めようとするときは，あらかじめ，審議会等（国家行政組織法（昭和23年法律第120号）第8条に規定する機関をいう。以下同じ。）で政令で定めるものの意見を聴かなければならない。これを変更しようとするときも，同様とする。

（地域生涯学習振興基本構想）

第5条　都道府県は，当該都道府県内の特定の地区において，当該地区及びその周辺の相当程度広範囲の地域における住民の生涯学習の振興に資するため，社会教育に係る学習（体育に係るものを含む。）及び文化活動その他の生涯学習に資する諸活動の多様な機会の総合的な提供を民間事業者の能力を活用しつつ行うことに関する基本的な構想（以下「基本構想」という。）を作成することができる。

2　基本構想においては，次に掲げる事項について定めるものとする。

一　前項に規定する多様な機会（以下「生涯学習に係る機会」という。）の総合的な提供の方針に関する事項

二　前項に規定する地区の区域に関する事項

三　総合的な提供を行うべき生涯学習に係る機会（民間事業者により提供されるものを含む。）の種類及び内容に関する基本的な事項

四　前号に規定する民間事業者に対する資金の融通の円滑化その他前項に規定する地区において行われる生涯学習に係る機会の総合的な提供に必要な業務であって政令で定めるものを行う者及び当該業務の運営に関する事項

五　その他生涯学習に係る機会の総合的な提供に関する重要事項

3　都道府県は，基本構想を作成しようとするときは，あらかじめ，関係市町村に協議しなければならない。

4　都道府県は，基本構想を作成しようとするときは，前項の規定による協議を経た後，文部科学大臣及び経済産業大臣に協議することができる。

5　文部科学大臣及び経済産業大臣は，前項の規定による協議を受けたときは，都道府県が作成しようとする基本構想が次の各号に該当するものであるかどうかについて判断するものとする。

一　当該基本構想に係る地区が，生涯学習に係る機会の提供の程度が著しく高い地域であって政令で定めるもの以外の地域のうち，交通条件及び社会的自然的条件からみて生涯学習に係る機会の総合的な提供を行うことが相当と認められる地区であること。

二　当該基本構想に係る生涯学習に係る機会の総合的な提供が当該基本構想に係る地区及びその周辺の相当程度広範囲の地域における住民の生涯学習に係る機会に対する要請に適切にこたえるものであること。

三　その他文部科学大臣及び経済産業大臣が判断に当たっての基準として次条の規定により定める事項（以下「判断基準」という。）に適合するものであること。

6　文部科学大臣及び経済産業大臣は，基本構想につき前項の判断をするに当たっては，あらかじめ，関係行政機関の長に協議するとともに，文部科学大臣にあっては前条第2項の政令で定める審議会等の意見を，経済産業大臣にあっては産業構造審議会の意見をそれぞれ聴くものとし，前項各号に該当するものであると判断するに至ったときは，速やかにその旨を当該都道府県に通知するものとする。

7　都道府県は，基本構想を作成したときは，遅滞なく，これを公表しなければならない。

8　第3項から前項までの規定は，基本構想の変更（文部科学省令，経済産業省令で定める軽微な変更を除く。）について準用する。

（判断基準）

第6条　判断基準においては，次に掲げる事項を定めるものとする。

一　生涯学習に係る機会の総合的な提供に関する基本的な事項

二　前条第1項に規定する地区の設定に関する基本的な事項

三　総合的な提供を行うべき生涯学習に係る機会（民間事業者により提供されるものを含む。）の種類及び内容に関する基本的な事項

四　生涯学習に係る機会の総合的な提供に必要な事業に関する基本的な事項

五　生涯学習に係る機会の総合的な提供に際し配慮すべき重要事項

2　文部科学大臣及び経済産業大臣は，判断基準を定めるに当たっては，あらかじめ，総務大臣その他関係行政機関の長に協議するとともに，文部科学大臣にあっては第4条第2項の政令で定める審議会等の意見を，経済産業大臣にあっては産業構造審議会の意見をそれぞれ聴かなければならない。

3　文部科学大臣及び経済産業大臣は，判断基準を定めたときは，遅滞なく，これを公表しなければならない。

4　前2項の規定は，判断基準の変更について準用する。

第7条　削除

（基本構想の実施等）

第8条　都道府県は，関係民間事業者の能力を活用しつつ，生涯学習に係る機会の総合的な提供を基本構想に基づいて計画的に行うよう

努めなければならない。

2　文部科学大臣は，基本構想の円滑な実施の促進のため必要があると認めるときは，社会教育関係団体及び文化に関する団体に対し必要な協力を求めるものとし，かつ，関係地方公共団体及び関係事業者等の要請に応じ，その所管に属する博物館資料の貸出しを行うよう努めるものとする。

3　経済産業大臣は，基本構想の円滑な実施の促進のため必要があると認めるときは，商工会議所及び商工会に対し，これらの団体及びその会員による生涯学習に係る機会の提供その他の必要な協力を求めるものとする。

4　前2項に定めるもののほか，文部科学大臣及び経済産業大臣は，基本構想の作成及び円滑な実施の促進のため，関係地方公共団体に対し必要な助言，指導その他の援助を行うよう努めなければならない。

5　前3項に定めるもののほか，文部科学大臣，経済産業大臣，関係行政機関の長，関係地方公共団体及び関係事業者は，基本構想の円滑な実施が促進されるよう，相互に連携を図りながら協力しなければならない。

第9条　削除

（都道府県生涯学習審議会）

第10条　都道府県に，都道府県生涯学習審議会（以下「都道府県審議会」という。）を置くことができる。

2　都道府県審議会は，都道府県の教育委員会又は知事の諮問に応じ，当該都道府県の処理する事務に関し，生涯学習に資するための施策の総合的な推進に関する重要事項を調査審議する。

3　都道府県審議会は，前項に規定する事項に関し必要と認める事項を当該都道府県の教育委員会又は知事に建議することができる。

4　前3項に定めるもののほか，都道府県審議会の組織及び運営に関し必要な事項は，条例で定める。

（市町村の連携協力体制）

第11条　市町村（特別区を含む。）は，生涯学習の振興に資するため，関係機関及び関係団体等との連携協力体制の整備に努めるものとする。

附　則

（施行期日）

1　この法律は，平成2年7月1日から施行する。

附　則　抄　（平成14年3月31日　法律第15号）

（施行期日）

第1条　この法律は，平成12年4月1日から施行する。

○社会教育法　（昭和24年6月10日　法律第207号）

最終改正（令和元年6月7日　法律第26号）

第1章　総　則

（この法律の目的）

第1条　この法律は，教育基本法（平成18年法律第120号）の精神に則り，社会教育に関する国及び地方公共団体の任務を明らかにすることを目的とする。

（社会教育の定義）

第2条　この法律で「社会教育」とは，学校教育法（昭和22年法律第26号）又は就学前の子どもに関する教育，保育等の総合的な提供の推進に関する法律（平成18年法律第77号）に基き，学校の教育課程として行われる教育活動を除き，主として青少年及び成人に対して行われる組織的な教育活動（体育及びレクリエーションの活動を含む。）をいう。

（国及び地方公共団体の任務）

第3条　国及び地方公共団体は，この法律及び他の法令の定めるところにより，社会教育の奨励に必要な施設の設置及び運営，集会の開催，資料の作製，頒布その他の方法により，すべての国民があらゆる機会，あらゆる場所を利用して，自ら実際生活に即する文化的教養を高め得るような環境を醸成するように努めなければならない。

2　国及び地方公共団体は，前項の任務を行うに当たつては，国民の学習に対する多様な需要を踏まえ，これに適切に対応するために必要な学習の機会の提供及びその奨励を行うことにより，生涯学習の振興に寄与することとなるよう努めるものとする。

3　国及び地方公共団体は，第一項の任務を行うに当たつては，社会教育が学校教育及び家庭教育との密接な関連性を有することにかんがみ，学校教育との連携の確保に努め，及び家庭教育の向上に資することとなるよう必要な配慮をするとともに，学校，家庭及び地域住

民その他の関係者相互間の連携及び協力の促進に資することとなるよう努めるものとする。

（国の地方公共団体に対する援助）

第4条 前条第1項の任務を達成するために，国は，この法律及び他の法令の定めるところにより，地方公共団体に対し，予算の範囲内において，財政的援助並びに物資の提供及びそのあつせんを行う。

（市町村の教育委員会の事務）

第5条 市（特別区を含む。以下同じ。）町村の教育委員会は，社会教育に関し，当該地方の必要に応じ，予算の範囲内において，次の事務を行う。

一　社会教育に必要な援助を行うこと。

二　社会教育委員の委嘱に関すること。

三　公民館の設置及び管理に関すること。

四　所管に属する図書館，博物館，青年の家その他の社会教育施設の設置及び管理に関すること。

五　所管に属する学校の行う社会教育のための講座の開設及びその奨励に関すること。

六　講座の開設及び討論会，講習会，講演会，展示会その他の集会の開催並びにこれらの奨励に関すること。

七　家庭教育に関する学習の機会を提供するための講座の開設及び集会の開催並びに家庭教育に関する情報の提供並びにこれらの奨励に関すること。

八　職業教育及び産業に関する科学技術指導のための集会の開催並びにその奨励に関すること。

九　生活の科学化の指導のための集会の開催及びその奨励に関すること。

十　情報化の進展に対応して情報の収集及び利用を円滑かつ適正に行うために必要な知識又は技能に関する学習の機会を提供するための講座の開設及び集会の開催並びにこれらの奨励に関すること。

十一　運動会，競技会その他体育指導のための集会の開催及びその奨励に関すること。

十二　音楽，演劇，美術その他芸術の発表会等の開催及びその奨励に関すること。

十三　主として学齢児童及び学齢生徒（それぞれ学校教育法第18条に規定する学齢児童及び学齢生徒をいう。）に対し，学校の授業の終了後又は休業日において学校，社会教育施設その他適切な施設を利用して行う学習その他の活動の機会を提供する事業の実施並びにその奨励に関すること。

十四　青少年に対しボランティア活動など社会奉仕体験活動，自然体験活動その他の体験活動の機会を提供する事業の実施及びその奨励に関すること。

十五　社会教育における学習の機会を利用して行つた学習の成果を活用して学校，社会教育施設その他地域において行う教育活動その他の活動の機会を提供する事業の実施及びその奨励に関すること。

十六　社会教育に関する情報の収集，整理及び提供に関すること。

十七　視聴覚教育，体育及びレクリエーションに必要な設備，器材及び資料の提供に関すること。

十八　情報の交換及び調査研究に関すること。

十九　その他第3条第1項の任務を達成するために必要な事務

2　市町村の教育委員会は，前項第十三号から第十五号までに規定する活動であつて地域住民その他の関係者（以下この項及び第9条の7第2項において「地域住民等」という。）が学校と協働して行うもの（以下「地域学校協働活動」という。）の機会を提供する事業を実施するに当つては，地域住民等の積極的な参加を得て当該地域学校協働活動が学校との適切な連携の下に円滑かつ効果的に実施されるよう，地域住民等と学校との連携協力体制の整備，地域学校協働活動に関する普及啓発その他の必要な措置を講ずるものとする。

3　地方教育行政の組織及び運営に関する法律（昭和31年法律第162号）第23条第1項の条例の定めるところによりその長が同項第一号に掲げる事務（以下「特定事務」という。）を管理し，及び執行することとされた地方公共団体（以下「特定地方公共団体」という。）である市町村にあつては，第1項の規定にかかわらず，同項第三号及び第四号の事務のうち特定事務に関するものは，その長が行うものとする。

（都道府県の教育委員会の事務）

第6条 都道府県の教育委員会は，社会教育に関し，当該地方の必要に応じ，予算の範囲内において，前条各号の事務（第三号の事務を除く。）を行う外，左の事務を行う。

一　公民館及び図書館の設置及び管理に関し，必要な指導及び調査を行なうこと。

二　社会教育を行う者の研修に必要な施設の設置及び運営，講習会の開催，資料の配布等に関すること。

　　三　社会教育施設の設置及び運営に必要な物
　　　資の提供及びそのあつせんに関すること。
　　四　市町村の教育委員会との連絡に関するこ
　　　と。
　　五　その他法令によりその職務権限に属する
　　　事項
２　前条第２項の規定は，都道府県の教育委員会
　が地域学校協働活動の機会を提供する事業を
　実施する場合に準用する。
３　特定地方公共団体である都道府県にあつて
　は，第１項の規定にかかわらず，前条第１項
　第四号の事務のうち特定事務に関するものは，
　その長が行うものとする。

（教育委員会と地方公共団体の長との関係）
第７条　地方公共団体の長は，その所掌に関す
　る必要な広報宣伝で視聴覚教育の手段を利用
　することその他教育の施設及び手段によるこ
　とを適当とするものにつき，教育委員会に対
　し，その実施を依頼し，又は実施の協力を求
　めることができる。
２　前項の規定は，他の行政庁がその所掌に関す
　る必要な広報宣伝につき，教育委員会（特定
　地方公共団体にあつては，その長又は教育委
　員会）に対し，その実施を依頼し，又は実施の
　協力を求める場合に準用する。
第８条　教育委員会は，社会教育に関する事務
　を行うために必要があるときは，当該地方公
　共団体の長及び関係行政庁に対し，必要な資
　料の提供その他の協力を求めることができる。
第８条の２　特定地方公共団体の長は，特定事
　務のうち当該特定地方公共団体の教育委員会
　の所管に属する学校，社会教育施設その他の
　施設における教育活動と密接な関連を有する
　ものとして当該特定地方公共団体の規則で定
　めるものを管理し，及び執行するに当たつて
　は，当該教育委員会の意見を聴かなければな
　らない。
２　特定地方公共団体の長は，前項の規則を制定
　し，又は改廃しようとするときは，あらかじめ，
　当該特定地方公共団体の教育委員会の意見を
　聴かなければならない。
第８条の３　特定地方公共団体の教育委員会は，
　特定事務の管理及び執行について，その職務
　に関して必要と認めるときは，当該特定地方
　公共団体の長に対し，意見を述べることがで
　きる。

（図書館及び博物館）
第９条　図書館及び博物館は，社会教育のため
　の機関とする。

２　図書館及び博物館に関し必要な事項は，別に
　法律をもつて定める。

第２章　社会教育主事及び社会教育主事補

（社会教育主事及び社会教育主事補の設置）
第９条の２　都道府県及び市町村の教育委員会
　の事務局に，社会教育主事を置く。
２　都道府県及び市町村の教育委員会の事務局
　に，社会教育主事補を置くことができる。

（社会教育主事及び社会教育主事補の職務）
第９条の３　社会教育主事は，社会教育を行う
　者に専門的技術的な助言と指導を与える。た
　だし，命令及び監督をしてはならない。
２　社会教育主事は，学校が社会教育関係団体，
　地域住民その他の関係者の協力を得て教育活
　動を行う場合には，その求めに応じて，必要
　な助言を行うことができる。
３　社会教育主事補は，社会教育主事の職務を助
　ける。

（社会教育主事の資格）
第９条の４　次の各号のいずれかに該当する者
　は，社会教育主事となる資格を有する。
　　一　大学に２年以上在学して62単位以上を
　　　修得し，又は高等専門学校を卒業し，かつ，
　　　次に掲げる期間を通算した期間が３年以上
　　　になる者で，次条の規定による社会教育主
　　　事の講習を修了したもの
　　イ　社会教育主事補の職にあつた期間
　　ロ　官公署，学校，社会教育施設又は社会教
　　　育関係団体における職で司書，学芸員その
　　　他の社会教育主事補の職と同等以上の職と
　　　して文部科学大臣の指定するものにあつた
　　　期間
　　ハ　官公署，学校，社会教育施設又は社会教
　　　育関係団体が実施する社会教育に関係のあ
　　　る事業における業務であつて，社会教育主
　　　事として必要な知識又は技能の習得に資す
　　　るものとして文部科学大臣が指定するもの
　　　に従事した期間（イ又はロに掲げる期間に該
　　　当する期間を除く。）
　　二　教育職員の普通免許状を有し，かつ，五
　　　年以上文部科学大臣の指定する教育に関す
　　　る職にあつた者で，次条の規定による社会
　　　教育主事の講習を修了したもの
　　三　大学に２年以上在学して，62単位以上を
　　　修得し，かつ，大学において文部科学省令
　　　で定める社会教育に関する科目の単位を修
　　　得した者で，第一号イからハまでに掲げる

期間を通算した期間が一年以上になるもの

四　次条の規定による社会教育主事の講習を修了した者（第一号及び第二号に掲げる者を除く。）で，社会教育に関する専門的事項について前三号に掲げる者に相当する教養と経験があると都道府県の教育委員会が認定したもの

（社会教育主事の講習）

第9条の5　社会教育主事の講習は，文部科学大臣の委嘱を受けた大学その他の教育機関が行う。

2　受講資格その他社会教育主事の講習に関し必要な事項は，文部科学省令で定める。

（社会教育主事及び社会教育主事補の研修）

第9条の6　社会教育主事及び社会教育主事補の研修は，任命権者が行うもののほか，文部科学大臣及び都道府県が行う。

（地域学校協働活動推進員）

第9条の7　教育委員会は，地域学校協働活動の円滑かつ効果的な実施を図るため，社会的信望があり，かつ，地域学校協働活動の推進に熱意と識見を有する者のうちから，地域学校協働活動推進員を委嘱することができる。

2　地域学校協働活動推進員は，地域学校協働活動に関する事項につき，教育委員会の施策に協力して，地域住民等と学校との間の情報の共有を図るとともに，地域学校協働活動を行う地域住民等に対する助言その他の援助を行う。

第3章　社会教育関係団体

（社会教育関係団体の定義）

第10条　この法律で「社会教育関係団体」とは，法人であると否とを問わず，公の支配に属しない団体で社会教育に関する事業を行うことを主たる目的とするものをいう。

（文部科学大臣及び教育委員会との関係）

第11条　文部科学大臣及び教育委員会は，社会教育関係団体の求めに応じ，これに対し，専門的技術的指導又は助言を与えることができる。

2　文部科学大臣及び教育委員会は，社会教育関係団体の求めに応じ，これに対し，社会教育に関する事業に必要な物資の確保につき援助を行う。

（国及び地方公共団体との関係）

第12条　国及び地方公共団体は，社会教育関係団体に対し，いかなる方法によつても，不当

に統制的支配を及ぼし，又はその事業に干渉を加えてはならない。

（審議会等への諮問）

第13条　国又は地方公共団体が社会教育関係団体に対し補助金を交付しようとする場合には，あらかじめ，国にあつては文部科学大臣が審議会等（国家行政組織法（昭和二十三年法律第百二十号）第八条に規定する機関をいう。第五十一条第三項において同じ。）で政令で定めるものの，地方公共団体にあつては教育委員会が社会教育委員の会議（社会教育委員が置かれていない場合には，条例で定めるところにより社会教育に係る補助金の交付に関する事項を調査審議する審議会その他の合議制の機関）の意見を聴いて行わなければならない。

（報告）

第14条　文部科学大臣及び教育委員会は，社会教育関係団体に対し，指導資料の作製及び調査研究のために必要な報告を求めることができる。

第4章　社会教育委員

（社会教育委員の構成）

第15条　都道府県及び市町村に社会教育委員を置くことができる。

2　社会教育委員は，教育委員会が委嘱する。

第16条　削除

（社会教育委員の職務）

第17条　社会教育委員は，社会教育に関し教育委員会に助言するため，次の職務を行う。

一　社会教育に関する諸計画を立案すること。

二　定時又は臨時に会議を開き，教育委員会の諮問に応じ，これに対して，意見を述べること。

三　前二号の職務を行うために必要な研究調査を行うこと。

2　社会教育委員は，教育委員会の会議に出席して社会教育に関し意見を述べることができる。

3　市町村の社会教育委員は，当該市町村の教育委員会から委嘱を受けた青少年教育に関する特定の事項について，社会教育関係団体，社会教育指導者その他関係者に対し，助言と指導を与えることができる。

（社会教育委員の委嘱の基準等）

第18条　社会教育委員の委嘱の基準，定数及び任期その他社会教育委員に関し必要な事項は，当該地方公共団体の条例で定める。この

場合において，社会教育委員の委嘱の基準については，文部科学省令で定める基準を参酌するものとする。
第19条　削除

第5章　公民館

（目的）
第20条　公民館は，市町村その他一定区域内の住民のために，実際生活に即する教育，学術及び文化に関する各種の事業を行い，もつて住民の教養の向上，健康の増進，情操の純化を図り，生活文化の振興，社会福祉の増進に寄与することを目的とする。
（公民館の設置者）
第21条　公民館は，市町村が設置する。
2　前項の場合を除く外，公民館は，公民館設置の目的をもつて民法第34条の規定により設立する法人（この章中以下「法人」という。）でなければ設置することができない。
3　公民館の事業の運営上必要があるときは，公民館に分館を設けることができる。
（公民館の事業）
第22条　公民館は，第20条の目的達成のために，おおむね，左の事業を行う。但し，この法律及び他の法令によつて禁じられたものは，この限りでない。
一　定期講座を開設すること。
二　討論会，講習会，講演会，実習会，展示会等を開催すること。
三　図書，記録，模型，資料等を備え，その利用を図ること。
四　体育，レクリエーション等に関する集会を開催すること。
五　各種の団体，機関等の連絡を図ること。
六　その施設を住民の集会その他の公共的利用に供すること。
（公民館の運営方針）
第23条　公民館は，次の行為を行つてはならない。
一　もつぱら営利を目的として事業を行い，特定の営利事務に公民館の名称を利用させその他営利事業を援助すること。
二　特定の政党の利害に関する事業を行い，又は公私の選挙に関し，特定の候補者を支持すること。
2　市町村の設置する公民館は，特定の宗教を支持し，又は特定の教派，宗派若しくは教団を支援してはならない。

（公民館の基準）
第23条の2　文部科学大臣は，公民館の健全な発達を図るために，公民館の設置及び運営上必要な基準を定めるものとする。
2　文部科学大臣及び都道府県の教育委員会は，市町村の設置する公民館が前項の基準に従つて設置され及び運営されるように，当該市町村に対し，指導，助言その他の援助に努めるものとする。
（公民館の設置）
第24条　市町村が公民館を設置しようとするときは，条例で，公民館の設置及び管理に関する事項を定めなければならない。
第25条及び第26条　削除
（公民館の職員）
第27条　公民館に館長を置き，主事その他必要な職員を置くことができる。
2　館長は，公民館の行う各種の事業の企画実施その他必要な事務を行い，所属職員を監督する。
3　主事は，館長の命を受け，公民館の事業の実施にあたる。
第28条　市町村の設置する公民館の館長，主事その他必要な職員は，当該市町村の教育委員会（特定地方公共団体である市町村の長がその設置，管理及び廃止に関する事務を管理し，及び執行することとされた公民館（第30条第1項及び第40条第1項において「特定公民館」という。）の館長，主事その他必要な職員にあつては，当該市町村の長）が任命する。
（公民館の職員の研修）
第28条の2　第9条の6の規定は，公民館の職員の研修について準用する。
（公民館運営審議会）
第29条　公民館に公民館運営審議会を置くことができる。
2　公民館運営審議会は，館長の諮問に応じ，公民館における各種の事業の企画実施につき調査審議するものとする。
第30条　市町村の設置する公民館にあつては，公民館運営審議会の委員は，当該市町村の教育委員会（特定公民館に置く公民館運営審議会の委員にあつては，当該市町村の長）が委嘱する。
2　前項の公民館運営審議会の委員の委嘱の基準，定数及び任期その他当該公民館運営審議会に関し必要な事項は，当該市町村の条例で定める。この場合において，委員の委嘱の基準については，文部科学省令で定める基準を

参酌するものとする。

第31条　法人の設置する公民館に公民館運営審議会を置く場合にあつては，その委員は，当該法人の役員をもつて充てるものとする。

（運営の状況に関する評価等）

第32条　公民館は，当該公民館の運営の状況について評価を行うとともに，その結果に基づき公民館の運営の改善を図るため必要な措置を講ずるよう努めなければならない。

（運営の状況に関する情報の提供）

第32条の2　公民館は，当該公民館の事業に関する地域住民その他の関係者の理解を深めるとともに，これらの者との連携及び協力の推進に資するため，当該公民館の運営の状況に関する情報を積極的に提供するよう努めなければならない。

（基金）

第33条　公民館を設置する市町村にあつては，公民館の維持運営のために，地方自治法（昭和22年法律第67号）第241条の基金を設けることができる。

（特別会計）

第34条　公民館を設置する市町村にあつては，公民館の維持運営のために，特別会計を設けることができる。

（公民館の補助）

第35条　国は，公民館を設置する市町村に対し，予算の範囲内において，公民館の施設，設備に要する経費その他必要な経費の一部を補助することができる。

2　前項の補助金の交付に関し必要な事項は，政令で定める。

第36条　削除

第37条　都道府県が地方自治法第232条の2の規定により，公民館の運営に要する経費を補助する場合において，文部科学大臣は，政令の定めるところにより，その補助金の額，補助の比率，補助の方法その他必要な事項につき報告を求めることができる。

第38条　国庫の補助を受けた市町村は，左に掲げる場合においては，その受けた補助金を国庫に返還しなければならない。

一　公民館がこの法律若しくはこの法律に基く命令又はこれらに基いてした処分に違反したとき。

二　公民館がその事業の全部若しくは一部を廃止し，又は第20条に掲げる目的以外の用途に利用されるようになつたとき。

三　補助金交付の条件に違反したとき。

四　虚偽の方法で補助金の交付を受けたとき。

（法人の設置する公民館の指導）

第39条　文部科学大臣及び都道府県の教育委員会は，法人の設置する公民館の運営その他に関し，その求めに応じて，必要な指導及び助言を与えることができる。

（公民館の事業又は行為の停止）

第40条　公民館が第23条の規定に違反する行為を行つたときは，市町村の設置する公民館にあつては当該市町村の教育委員会（特定公民館にあつては，当該市町村の長），法人の設置する公民館にあつては都道府県の教育委員会は，その事業又は行為の停止を命ずることができる。

2　前項の規定による法人の設置する公民館の事業又は行為の停止命令に関し必要な事項は，都道府県の条例で定めることができる。

（罰則）

第41条　前条第1項の規定による公民館の事業又は行為の停止命令に違反する行為をした者は，1年以下の懲役若しくは禁錮又は3万円以下の罰金に処する。

（公民館類似施設）

第42条　公民館に類似する施設は，何人もこれを設置することができる。

2　前項の施設の運営その他に関しては，第39条の規定を準用する。

第6章　学校施設の利用

（適用範囲）

第43条　社会教育のためにする国立学校（学校教育法第1条に規定する学校（以下この条において「第1条学校」という。）及び就学前の子どもに関する教育，保育等の総合的な提供の推進に関する法律第2条第7項に規定する幼保連携型認定こども園（以下「幼保連携型認定こども園」という。）であつて国（国立大学法人法（平成15年法律第112号）第2条第1項に規定する国立大学法人（次条第2項において「国立大学法人」という。）及び独立行政法人国立高等専門学校機構を含む。）が設置するものをいう。以下同じ。）又は公立学校（第1条学校及び幼保連携型認定こども園であつて地方公共団体（地方独立行政法人法（平成15年法律第118号）第68条第1項に規定する公立大学法人（次条第2項及び第48条第1項において「公立大学法人」という。）を含む。）が設置するものをいう。以下同じ。）の施設の利

用に関しては，この章の定めるところによる。

（学校施設の利用）

第44条　学校（国立学校又は公立学校をいう。以下この章において同じ。）の管理機関は，学校教育上支障がないと認める限り，その管理する学校の施設を社会教育のために利用に供するように努めなければならない。

2　前項において「学校の管理機関」とは，国立学校にあつては設置者である国立大学法人の学長若しくは理事長又は独立行政法人国立高等専門学校機構の理事長，公立学校のうち，大学にあつては設置者である地方公共団体の長又は公立大学法人の理事長，高等専門学校にあつては設置者である地方公共団体に設置されている教育委員会又は公立大学法人の理事長，幼保連携型認定こども園にあつては設置者である地方公共団体の長，大学，高等専門学校及び幼保連携型認定こども園以外の学校にあつては設置者である地方公共団体に設置されている教育委員会をいう。

（学校施設利用の許可）

第45条　社会教育のために学校の施設を利用しようとする者は，当該学校の管理機関の許可を受けなければならない。

2　前項の規定により，学校の管理機関が学校施設の利用を許可しようとするときは，あらかじめ，学校の長の意見を聞かなければならない。

第46条　国又は地方公共団体が社会教育のために，学校の施設を利用しようとするときは，前条の規定にかかわらず，当該学校の管理機関と協議するものとする。

第47条　第45条の規定による学校施設の利用が一時的である場合には，学校の管理機関は，同条第1項の許可に関する権限を学校の長に委任することができる。

2　前項の権限の委任その他学校施設の利用に関し必要な事項は，学校の管理機関が定める。

（社会教育の講座）

第48条　文部科学大臣は国立学校に対し，地方公共団体の長は当該地方公共団体が設置する大学若しくは幼保連携型認定こども園又は当該地方公共団体が設立する公立大学法人が設置する大学若しくは高等専門学校に対し，地方公共団体に設置されている教育委員会は当該地方公共団体が設置する大学以外の公立学校に対し，その教育組織及び学校の施設の状況に応じ，文化講座，専門講座，夏期講座，社会学級講座等学校施設の利用による社会教育のための講座の開設を求めることができる。

2　文化講座は，成人の一般的教養に関し，専門講座は，成人の専門的学術知識に関し，夏期講座は，夏期休暇中，成人の一般的教養又は専門的学術知識に関し，それぞれ大学，高等専門学校又は高等学校において開設する。

3　社会学級講座は，成人の一般的教養に関し，小学校又は中学校において開設する。

4　第1項の規定する講座を担当する講師の報酬その他必要な経費は，予算の範囲内において，国又は地方公共団体が負担する。

第7章　通信教育

（適用範囲）

第49条　学校教育法第54条，第70条第1項，第82条及び第84条の規定により行うものを除き，通信による教育に関しては，この章の定めるところによる。

（通信教育の定義）

第50条　この法律において「通信教育」とは，通信の方法により一定の教育計画の下に，教材，補助教材等を受講者に送付し，これに基き，設問解答，添削指導，質疑応答等を行う教育をいう。

2　通信教育を行う者は，その計画実現のために，必要な指導者を置かなければならない。

（通信教育の認定）

第51条　文部科学大臣は，学校又は民法第34条の規定による法人の行う通信教育で社会教育上奨励すべきものについて，通信教育の認定（以下「認定」という。）を与えることができる。

2　認定を受けようとする者は，文部科学大臣の定めるところにより，文部科学大臣に申請しなければならない。

3　文部科学大臣が，第1項の規定により，認定を与えようとするときは，あらかじめ，第13条の政令で定める審議会等に諮問しなければならない。

（認定手数料）

第52条　文部科学大臣は，認定を申請する者から実費の範囲内において文部科学省令で定める額の手数料を徴収することができる。ただし，国立学校又は公立学校が行う通信教育に関しては，この限りでない。

第53条　削除

（郵便料金の特別取扱）

第54条　認定を受けた通信教育に要する郵便料金については，郵便法（昭和22年法律第

165号）の定めるところにより，特別の取扱を受けるものとする。

（通信教育の廃止）
第55条　認定を受けた通信教育を廃止しようとするとき，又はその条件を変更しようとするときは，文部科学大臣の定めるところにより，その許可を受けなければならない。
2　前項の許可に関しては，第51条第3項の規定を準用する。

（報告及び措置）
第56条　文部科学大臣は，認定を受けた者に対し，必要な報告を求め，又は必要な措置を命ずることができる。

（認定の取消）
第57条　認定を受けた者がこの法律若しくはこの法律に基く命令又はこれらに基いてした処分に違反したときは，文部科学大臣は，認定を取り消すことができる。
2　前項の認定の取消に関しては，第51条第3項の規定を準用する。

附　則　抄
1　この法律は，公布の日から施行する。
5　この法律施行前通信教育認定規程（昭和22年文部省令第22号）により認定を受けた通信教育は，第51条第1項の規定により，認定を受けたものとみなす。

附　則　抄（令和元年6月7日法律第26号）

（施行期日）
1　この法律は，公布の日から施行する。

○図書館法
（昭和25年4月30日法律第118号）
最終改正（令和元年6月7日法律第26号）

第1章　総　則

（この法律の目的）
第1条　この法律は，社会教育法（昭和24年法律第207号）の精神に基き，図書館の設置及び運営に関して必要な事項を定め，その健全な発達を図り，もつて国民の教育と文化の発展に寄与することを目的とする。

（定義）
第2条　この法律において「図書館」とは，図書，記録その他必要な資料を収集し，整理し，保存して，一般公衆の利用に供し，その教養，調査研究，レクリエーション等に資することを目的とする施設で，地方公共団体，日本赤十字社又は民法（明治29年法律第89号）第34条の法人が設置するもの（学校に附属する図書館又は図書室を除く。）をいう。
2　前項の図書館のうち，地方公共団体の設置する図書館を公立図書館といい，日本赤十字社又は民法第34条の法人の設置する図書館を私立図書館という。

（図書館奉仕）
第3条　図書館は，図書館奉仕のため，土地の事情及び一般公衆の希望に沿い，更に学校教育を援助し，及び家庭教育の向上に資することとなるように留意し，おおむね次に掲げる事項の実施に努めなければならない。
一　郷土資料，地方行政資料，美術品，レコード及びフィルムの収集にも十分留意して，図書，記録，視聴覚教育の資料その他必要な資料（電磁的記録（電子的方式，磁気的方式その他人の知覚によつては認識することができない方式で作られた記録をいう。）を含む。以下「図書館資料」という。）を収集し，一般公衆の利用に供すること。
二　図書館資料の分類排列を適切にし，及びその目録を整備すること。
三　図書館の職員が図書館資料について十分な知識を持ち，その利用のための相談に応ずるようにすること。
四　他の図書館，国立国会図書館，地方公共団体の議会に附置する図書室及び学校に附属する図書館又は図書室と緊密に連絡し，協力し，図書館資料の相互貸借を行うこと。
五　分館，閲覧所，配本所等を設置し，及び自動車文庫，貸出文庫の巡回を行うこと。
六　読書会，研究会，鑑賞会，映写会，資料展示会等を主催し，及びこれらの開催を奨励すること。
七　時事に関する情報及び参考資料を紹介し，及び提供すること。
八　社会教育における学習の機会を利用して行つた学習の成果を活用して行う教育活動その他の活動の機会を提供し，及びその提供を奨励すること。
九　学校，博物館，公民館，研究所等と緊密に連絡し，協力すること。

（司書及び司書補）
第4条　図書館に置かれる専門的職員を司書及

び司書補と称する。

2　司書は，図書館の専門的事務に従事する。

3　司書補は，司書の職務を助ける。

（司書及び司書補の資格）

第5条　次の各号のいずれかに該当する者は，司書となる資格を有する。

　一　大学又は高等専門学校を卒業した者で次条の規定による司書の講習を修了したもの

　二　大学を卒業した者で大学において図書館に関する科目を履修したもの

　三　次に掲げる職にあつた期間が通算して三年以上になる者で次条の規定による司書の講習を修了したもの

　イ　司書補の職

　ロ　国立国会図書館又は大学若しくは高等専門学校の附属図書館における職で司書補の職に相当するもの

　ハ　ロに掲げるもののほか，官公署，学校又は社会教育施設における職で社会教育主事，学芸員その他の司書補の職と同等以上の職として文部科学大臣が指定するもの

2　次の各号のいずれかに該当する者は，司書補となる資格を有する。

　一　司書の資格を有する者

　二　学校教育法（昭和二十二年法律第二十六号）第九十条第一項の規定により大学に入学することのできる者で次条の規定による司書補の講習を修了したもの

（司書及び司書補の講習）

第6条　司書及び司書補の講習は，大学が，文部科学大臣の委嘱を受けて行う。

2　司書及び司書補の講習に関し，履修すべき科目，単位その他必要な事項は，文部科学省令で定める。ただし，その履修すべき単位数は，15単位を下ることができない。

（司書及び司書補の研修）

第7条　文部科学大臣及び都道府県の教育委員会は，司書及び司書補に対し，その資質の向上のために必要な研修を行うよう努めるものとする。

（設置及び運営上望ましい基準）

第7条の2　文部科学大臣は，図書館の健全な発達を図るために，図書館の設置及び運営上望ましい基準を定め，これを公表するものとする。

（運営の状況に関する評価等）

第7条の3　図書館は，当該図書館の運営の状況について評価を行うとともに，その結果に基づき図書館の運営の改善を図るため必要な措置を講ずるよう努めなければならない。

（運営の状況に関する情報の提供）

第7条の4　図書館は，当該図書館の図書館奉仕に関する地域住民その他の関係者の理解を深めるとともに，これらの者との連携及び協力の推進に資するため，当該図書館の運営の状況に関する情報を積極的に提供するよう努めなければならない。

（協力の依頼）

第8条　都道府県の教育委員会は，当該都道府県内の図書館奉仕を促進するために，市（特別区を含む。以下同じ。）町村の教育委員会（地方教育行政の組織及び運営に関する法律（昭和31年法律第162号）第23条第1項の条例の定めるところによりその長が図書館の設置，管理及び廃止に関する事務を管理し，及び執行することとされた地方公共団体（第13条第1項において「特定地方公共団体」という。）である市町村にあつては，その長又は教育委員会）に対し，総合目録の作製，貸出文庫の巡回，図書館資料の相互貸借等に関して協力を求めることができる。

（公の出版物の収集）

第9条　政府は，都道府県の設置する図書館に対し，官報その他一般公衆に対する広報の用に供せられる独立行政法人国立印刷局の刊行物を二部提供するものとする。

2　国及び地方公共団体の機関は，公立図書館の求めに応じ，これに対して，それぞれの発行する刊行物その他の資料を無償で提供することができる。

第2章　公立図書館

（設置）

第10条　公立図書館の設置に関する事項は，当該図書館を設置する地方公共団体の条例で定めなければならない。

第11条　削除

第12条　削除

（職員）

第13条　公立図書館に館長並びに当該図書館を設置する地方公共団体の教育委員会（特定地方公共団体の長がその設置，管理及び廃止に関する事務を管理し，及び執行することとされた図書館（第15条において「特定図書館」という。）にあつては，当該特定地方公共団体の長）が必要と認める専門的職員，事務職員及び技術職員を置く。

2　館長は，館務を掌理し，所属職員を監督して，図書館奉仕の機能の達成に努めなければならない。

（図書館協議会）

第14条　公立図書館に図書館協議会を置くことができる。

2　図書館協議会は，図書館の運営に関し館長の諮問に応ずるとともに，図書館の行う図書館奉仕につき，館長に対して意見を述べる機関とする。

第15条　図書館協議会の委員は，当該図書館を設置する地方公共団体の教育委員会（特定図書館に置く図書館協議会の委員にあつては，当該地方公共団体の長）が任命する。

第16条　図書館協議会の設置，その委員の任命の基準，定数及び任期その他図書館協議会に関し必要な事項については，当該図書館を設置する地方公共団体の条例で定めなければならない。この場合において，委員の任命の基準については，文部科学省令で定める基準を参酌するものとする。

（入館料等）

第17条　公立図書館は，入館料その他図書館資料の利用に対するいかなる対価をも徴収してはならない。

（公立図書館の基準）

第18条　削除

第19条　削除

（図書館の補助）

第20条　国は，図書館を設置する地方公共団体に対し，予算の範囲内において，図書館の施設，設備に要する経費その他必要な経費の一部を補助することができる。

2　前項の補助金の交付に関し必要な事項は，政令で定める。

第21条　削除

第22条　削除

第23条　国は，第20条の規定による補助金の交付をした場合において，左の各号の一に該当するときは，当該年度におけるその後の補助金の交付をやめるとともに，既に交付した当該年度の補助金を返還させなければならない。

一　図書館がこの法律の規定に違反したとき。

二　地方公共団体が補助金の交付の条件に違反したとき。

三　地方公共団体が虚偽の方法で補助金の交付を受けたとき。

第3章　私立図書館

第24条　削除

（都道府県の教育委員会との関係）

第25条　都道府県の教育委員会は，私立図書館に対し，指導資料の作製及び調査研究のために必要な報告を求めることができる。

2　都道府県の教育委員会は，私立図書館に対し，その求めに応じて，私立図書館の設置及び運営に関して，専門的，技術的の指導又は助言を与えることができる。

（国及び地方公共団体との関係）

第26条　国及び地方公共団体は，私立図書館の事業に干渉を加え，又は図書館を設置する法人に対し，補助金を交付してはならない。

第27条　国及び地方公共団体は，私立図書館に対し，その求めに応じて，必要な物資の確保につき，援助を与えることができる。

（入館料等）

第28条　私立図書館は，入館料その他図書館資料の利用に対する対価を徴収することができる。

（図書館同種施設）

第29条　図書館と同種の施設は，何人もこれを設置することができる。

2　第25条第2項の規定は，前項の施設について準用する。

附　則　抄　（令和元年6月7日　法律第26号）

（施行期日）

第1条　この法律は，公布の日から施行する。

○博物館法　（昭和26年12月1日　法律第285号）

最終改正（令和元年6月7日　法律第26号）

第1章　総則

（この法律の目的）

第1条　この法律は，社会教育法（昭和24年法律第207号）の精神に基き，博物館の設置及び運営に関して必要な事項を定め，その健全な発達を図り，もつて国民の教育，学術及び文化の発展に寄与することを目的とする。

（定義）

第２条　この法律において「博物館」とは，歴史，芸術，民俗，産業，自然科学等に関する資料を収集し，保管（育成を含む。以下同じ。）し，展示して教育的配慮の下に一般公衆の利用に供し，その教養，調査研究，レクリエーション等に資するために必要な事業を行い，あわせてこれらの資料に関する調査研究をすることを目的とする機関（社会教育法による公民館及び図書館法（昭和25年法律第118号）による図書館を除く。）のうち，地方公共団体，民法（明治29年法律第89号）第34条の法人，宗教法人又は政令で定めるその他の法人（独立行政法人（独立行政法人通則法（平成11年法律第103号）第２条第１項に規定する独立行政法人をいう。第29条において同じ。）を除く。）が設置するもので　次章の規定による登録を受けたものとする。

2　この法律において，「公立博物館」とは，地方公共団体の設置する博物館をいい，「私立博物館」とは，民法第34条の法人，宗教法人又は前項の政令で定める法人の設置する博物館をいう。

3　この法律において「博物館資料」とは，博物館が収集し，保管し，又は展示する資料（電磁的記録（電子的方式，磁気的方式その他人の知覚によっては認識することができない方式で作られた記録をいう。）を含む。）をいう。

（博物館の事業）

第３条　博物館は，前条第１項に規定する目的を達成するため，おおむね次に掲げる事業を行う。

一　実物，標本，模写，模型，文献，図表，写真，フィルム，レコード等の博物館資料を豊富に収集し，保管し，及び展示すること。

二　分館を設置し，又は博物館資料を当該博物館外で展示すること。

三　一般公衆に対して，博物館資料の利用に関し必要な説明，助言，指導等を行い，又は研究室，実験室，工作室，図書室等を設置してこれを利用させること。

四　博物館資料に関する専門的，技術的な調査研究を行うこと。

五　博物館資料の保管及び展示等に関する技術的研究を行うこと。

六　博物館資料に関する案内書，解説書，目録，図録，年報，調査研究の報告書等を作成し，及び頒布すること。

七　博物館資料に関する講演会，講習会，映写会，研究会等を主催し，及びその開催を援助すること。

八　当該博物館の所在地又はその周辺にある文化財保護法（昭和25年法律第214号）の適用を受ける文化財について，解説書又は目録を作成する等一般公衆の当該文化財の利用の便を図ること。

九　社会教育における学習の機会を利用して行つた学習の成果を活用して行う教育活動その他の活動の機会を提供し，及びその提供を奨励すること。

十　他の博物館，博物館と同一の目的を有する国の施設等と緊密に連絡し，協力し，刊行物及び情報の交換，博物館資料の相互貸借等を行うこと。

十一　学校，図書館，研究所，公民館等の教育，学術又は文化に関する諸施設と協力し，その活動を援助すること。

2　博物館は，その事業を行うに当つては，土地の事情を考慮し，国民の実生活の向上に資し，更に学校教育を援助し得るようにも留意しなければならない。

（館長，学芸員その他の職員）

第４条　博物館に，館長を置く。

2　館長は，館務を掌理し，所属職員を監督して，博物館の任務の達成に努める。

3　博物館に，専門的職員として学芸員を置く。

4　学芸員は，博物館資料の収集，保管，展示及び調査研究その他これと関連する事業についての専門的事項をつかさどる。

5　博物館に，館長及び学芸員のほか，学芸員補その他の職員を置くことができる。

6　学芸員補は，学芸員の職務を助ける。

（学芸員の資格）

第５条　次の各号の一に該当する者は，学芸員となる資格を有する。

一　学士の学位を有する者で，大学において文部科学省令で定める博物館に関する科目の単位を修得したもの

二　大学に２年以上在学し，前号の博物館に関する科目の単位を含めて62単位以上を修得した者で，３年以上学芸員補の職にあつたもの

三　文部科学大臣が，文部科学省令で定めるところにより，前二号に掲げる者と同等以上の学力及び経験を有する者と認めた者

2　前項第二号の学芸員補の職には，官公署，学校又は社会教育施設（博物館の事業に類する事業を行う施設を含む。）における職で，社会

教育主事，司書その他の学芸員補の職と同等以上の職として文部科学大臣が指定するものを含むものとする。

（学芸員補の資格）

第6条　学校教育法（昭和22年法律第26号）第90条第1項の規定により大学に入学することのできる者は，学芸員補となる資格を有する。

（学芸員及び学芸員補の研修）

第7条　文部科学大臣及び都道府県の教育委員会は，学芸員及び学芸員補に対し，その資質の向上のために必要な研修を行うよう努めるものとする。

（設置及び運営上望ましい基準）

第8条　文部科学大臣は，博物館の健全な発達を図るために，博物館の設置及び運営上望ましい基準を定め，これを公表するものとする。

（運営の状況に関する評価等）

第9条　博物館は，当該博物館の運営の状況について評価を行うとともに，その結果に基づき博物館の運営の改善を図るため必要な措置を講ずるよう努めなければならない。

（運営の状況に関する情報の提供）

第9条の2　博物館は，当該博物館の事業に関する地域住民その他の関係者の理解を深めるとともに，これらの者との連携及び協力の推進に資するため，当該博物館の運営の状況に関する情報を積極的に提供するよう努めなければばらない。

第2章　登　録

（登録）

第10条　博物館を設置しようとする者は，当該博物館について，当該博物館の所在する都道府県の教育委員会（当該都道府県が設置するものを除く。）が指定都市（地方自治法（昭和22年法律第67号）第252条の19第1項の指定都市をいう。以下この条及び第29条において同じ。）の区域内に所在する場合にあつては，当該指定都市の教育委員会。同条を除き，以下同じ。）に備える博物館登録原簿に登録を受けるものとする。

（登録の申請）

第11条　前条の規定による登録を受けようとする者は，設置しようとする博物館について，左に掲げる事項を記載した登録申請書を都道府県の教育委員会に提出しなければならない。

一　設置者の名称及び私立博物館にあつては

設置者の住所

二　名称

三　所在地

2　前項の登録申請書には，左に掲げる書類を添附しなければならない。

一　公立博物館にあつては，設置条例の写，館則の写，直接博物館の用に供する建物及び土地の面積を記載した書面及びその図面，当該年度における事業計画書及び予算の歳出の見積に関する書類，博物館資料の目録並びに館長及び学芸員の氏名を記載した書面

二　私立博物館にあつては，当該法人の定款若しくは寄附行為の写又は当該宗教法人の規則の写，館則の写，直接博物館の用に供する建物及び土地の面積を記載した書面及びその図面，当該年度における事業計画書及び収支の見積に関する書類，博物館資料の目録並びに館長及び学芸員の氏名を記載した書面

（登録要件の審査）

第12条　都道府県の教育委員会は，前条の規定による登録の申請があつた場合においては，当該申請に係る博物館が左に掲げる要件を備えているかどうかを審査し，備えていると認めたときは，同条第1項各号に掲げる事項及び登録の年月日を博物館登録原簿に登録するとともに登録した旨を当該登録申請者に通知し，備えていないと認めたときは，登録しない旨をその理由を附記した書面で当該登録申請者に通知しなければならない。

一　第2条第1項に規定する目的を達成するために必要な博物館資料があること。

二　第2条第1項に規定する目的を達成するために必要な学芸員その他の職員を有すること。

三　第2条第1項に規定する目的を達成するために必要な建物及び土地があること。

四　1年を通じて150以上開館すること。

（登録事項等の変更）

第13条　博物館の設置者は，第11条第1項各号に掲げる事項について変更があつたとき，又は同条第2項に規定する添付書類の記載事項について重要な変更があつたときは，その旨を都道府県の教育委員会に届け出なければならない。

2　都道府県の教育委員会は，第11条第1項各号に掲げる事項に変更があつたことを知つたときは，当該博物館に係る登録事項の変更登

録をしなければならない。
（登録の取消）
第14条　都道府県の教育委員会は，博物館が
　第12条各号に掲げる要件を欠くに至つたもの
　と認めたとき，又は虚偽の申請に基いて登録し
　た事実を発見したときは，当該博物館に係る
　登録を取り消さなければならない。但し，博物
　館が天災その他やむを得ない事由により要件
　を欠くに至つた場合においては，その要件を欠
　くに至つた日から2年間はこの限りでない。
2　都道府県の教育委員会は，前項の規定により
　登録の取消しをしたときは，当該博物館の設
　置者に対し，速やかにその旨を通知しなけれ
　ばならない。
（博物館の廃止）
第15条　博物館の設置者は，博物館を廃止し
　たときは，すみやかにその旨を都道府県の教
　育委員会に届け出なければならない。
2　都道府県の教育委員会は，博物館の設置者が
　当該博物館を廃止したときは，当該博物館に
　係る登録をまつ消しなければならない。
（規則への委任）
第16条　この章に定めるものを除くほか，博物
　館の登録に関し必要な事項は，都道府県の教
　育委員会の規則で定める。
第17条　削除

　　　　第3章　公立博物館

（設置）
第18条　公立博物館の設置に関する事項は，
　当該博物館を設置する地方公共団体の条例で
　定めなければならない。
（所管）
第19条　公立博物館は，当該博物館を設置す
　る地方公共団体の教育委員会（地方教育行政
　の組織及び運営に関する法律（昭和31年法律
　第162号）第23条第1項の条例の定めるとこ
　ろにより地方公共団体の長がその設置，管理
　及び廃止に関する事務を管理し，及び執行す
　るこ管理し，及び執行することとされた博物
　館にあつては，当該地方公共団体の長。第21
　条において同じ。）の所管に属する。
（博物館協議会）
第20条　公立博物館に，博物館協議会を置く
　ことができる。
2　博物館協議会は，博物館の運営に関し館長の
　諮問に応ずるとともに，館長に対して意見を
　述べる機関とする。

第21条　博物館協議会の委員は，当該博物館
　を設置する地方公共団体の教育委員会が任命
　する。
第22条　博物館協議会の設置，その委員の任
　命の基準，定数及び任期その他博物館協議会
　に関し必要な事項は，当該博物館を設置する
　地方公共団体の条例で定めなければならない。
　この場合において，委員の任命の基準につい
　ては，文部科学省令で定める基準を参酌する
　ものとする。
（入館料等）
第23条　公立博物館は，入館料その他博物館
　資料の利用に対する対価を徴収してはならな
　い。但し，博物館の維持運営のためにやむを
　得ない事情のある場合は，必要な対価を徴収
　することができる。
（博物館の補助）
第24条　国は，博物館を設置する地方公共団
　体に対し，予算の範囲内において，博物館の
　施設，設備に要する経費その他必要な経費の
　一部を補助することができる。
2　前項の補助金の交付に関し必要な事項は，政
　令で定める。
第25条　削除
（補助金の交付中止及び補助金の返還）
第26条　国は，博物館を設置する地方公共団
　体に対し第24条の規定による補助金の交付を
　した場合において，左の各号の一に該当する
　ときは，当該年度におけるその後の補助金の
　交付をやめるとともに，第一号の場合の取消
　が虚偽の申請に基いて登録した事実の発見に
　因るものである場合には，既に交付した補助
　金を，第三号及び第四号に該当する場合には，
　既に交付した当該年度の補助金を返還させな
　ければならない。
　一　当該博物館について，第14条の規定によ
　　る登録の取消があつたとき。
　二　地方公共団体が当該博物館を廃止したと
　　き。
　三　地方公共団体が補助金の交付の条件に違
　　反したとき。
　四　地方公共団体が虚偽の方法で補助金の交
　　付を受けたとき。

　　　　第4章　私立博物館

（都道府県の教育委員会との関係）
第27条　都道府県の教育委員会は，博物館に
　関する指導資料の作成及び調査研究のために，

私立博物館に対し必要な報告を求めることができる。

2　都道府県の教育委員会は，私立博物館に対し，その求めに応じて，私立博物館の設置及び運営に関して，専門的，技術的な指導又は助言を与えることができる。

（国及び地方公共団体との関係）

第28条　国及び地方公共団体は，私立博物館に対し，その求めに応じて，必要な物資の確保につき援助を与えることができる。

第5章　雑　則

（博物館に相当する施設）

第29条　博物館の事業に類する事業を行う施設で，国又は独立行政法人が設置する施設にあつては文部科学大臣が，その他の施設にあつては当該施設の所在する都道府県の教育委員会（当該施設（都道府県が設置するものを除く。）が指定都市の区域内に所在する場合にあつては，当該指定都市の教育委員会）が，文部科学省令で定めるところにより，博物館に相当する施設として指定したものについては，第27条第2項の規定を準用する。

附　則　抄　（令和元年6月7日）（法　律　第26号）

（施行期日）

第1条　この法律は，公布の日から施行する。

○スポーツ基本法

スポーツ振興法（昭和36年法律第141号）の全部を改正する。

スポーツは，世界共通の人類の文化である。

スポーツは，心身の健全な発達，健康及び体力の保持増進，精神的な充足感の獲得，自律心その他の精神の涵（かん）養等のために個人又は集団で行われる運動競技その他の身体活動であり，今日，国民が生涯にわたり心身ともに健康で文化的な生活を営む上で不可欠のものとなっている。スポーツを通じて幸福で豊かな生活を営むことは，全ての人々の権利であり，全ての国民がその自発性の下に，各々の関心，適性等に応じて，安全かつ公正な環境の下で日常的にスポー

ツに親しみ，スポーツを楽しみ，又はスポーツを支える活動に参画することのできる機会が確保されなければならない。

スポーツは，次代を担う青少年の体力を向上させるとともに，他者を尊重しこれと協同する精神，公正さと規律を尊ぶ態度や克己心を培い，実践的な思考力や判断力を育む等人格の形成に大きな影響を及ぼすものである。

また，スポーツは，人と人との交流及び地域と地域との交流を促進し，地域の一体感や活力を醸成するものであり，人間関係の希薄化等の問題を抱える地域社会の再生に寄与するものである。さらに，スポーツは，心身の健康の保持増進にも重要な役割を果たすものであり，健康で活力に満ちた長寿社会の実現に不可欠である。

スポーツ選手の不断の努力は，人間の可能性の極限を追求する有意義な営みであり，こうした努力に基づく国際競技大会における日本人選手の活躍は，国民に誇りと喜び，夢と感動を与え，国民のスポーツへの関心を高めるものである。これらを通じて，スポーツは，我が国社会に活力を生み出し，国民経済の発展に広く寄与するものである。また，スポーツの国際的な交流や貢献が，国際相互理解を促進し，国際平和に大きく貢献するなど，スポーツは，我が国の国際的地位の向上にも極めて重要な役割を果たすものである。

そして，地域におけるスポーツを推進する中から優れたスポーツ選手が育まれ，そのスポーツ選手が地域におけるスポーツの推進に寄与することは，スポーツに係る多様な主体の連携と協働による我が国のスポーツの発展を支える好循環をもたらすものである。（平成23年法律第78号）

このような国民生活における多面にわたるスポーツの果たす役割の重要性に鑑み，スポーツ立国を実現することは，二十一世紀の我が国の発展のために不可欠な重要課題である。

ここに，スポーツ立国の実現を目指し，国家戦略として，スポーツに関する施策を総合的かつ計

第1章　総　則

（目的）

第1条　この法律は，スポーツに関し，基本理念を定め，並びに国及び地方公共団体の責務並びにスポーツ団体の努力等を明らかにするとともに，スポーツに関する施策の基本となる事項を定めることにより，スポーツに関する施

策を総合的かつ計画的に推進し，もって国民の心身の健全な発達，明るく豊かな国民生活の形成，活力ある社会の実現及び国際社会の調和ある発展に寄与することを目的とする。

（基本理念）

第2条　スポーツは，これを通じて幸福で豊かな生活を営むことが人々の権利であることに鑑み，国民が生涯にわたりあらゆる機会とあらゆる場所において，自主的かつ自律的にその適性及び健康状態に応じて行うことができるようにすることを旨として，推進されなければならない。

2　スポーツは，とりわけ心身の成長の過程にある青少年のスポーツが，体力を向上させ，公正さと規律を尊ぶ態度や克己心を培う等人格の形成に大きな影響を及ぼすものであり，国民の生涯にわたる健全な心と身体を培い，豊かな人間性を育む基礎となるものであるとの認識の下に，学校，スポーツ団体（スポーツの振興のための事業を行うことを主たる目的とする団体をいう。以下同じ。），家庭及び地域における活動の相互の連携を図りながら推進されなければならない。

3　スポーツは，人々がその居住する地域において，主体的に協働することにより身近に親しむことができるようにするとともに，これを通じて，当該地域における全ての世代の人々の交流が促進され，かつ，地域間の交流の基盤が形成されるものとなるよう推進されなければならない。

4　スポーツは，スポーツを行う者の心身の健康の保持増進及び安全の確保が図られるよう推進されなければならない。

5　スポーツは，障害者が自主的かつ積極的にスポーツを行うことができるよう，障害の種類及び程度に応じ必要な配慮をしつつ推進されなければならない。

6　スポーツは，我が国のスポーツ選手（プロスポーツの選手を含む。以下同じ。）が国際競技大会（オリンピック競技大会，パラリンピック競技大会その他の国際的な規模のスポーツの競技会をいう。以下同じ。）又は全国的な規模のスポーツの競技会において優秀な成績を収めることができるよう，スポーツに関する競技水準（以下「競技水準」という。）の向上に資する諸施策相互の有機的な連携を図りつつ，効果的に推進されなければならない。

7　スポーツは，スポーツに係る国際的な交流及び貢献を推進することにより，国際相互理解

の増進及び国際平和に寄与するものとなるよう推進されなければならない。

8　スポーツは，スポーツを行う者に対し，不当に差別的取扱いをせず，また，スポーツに関するあらゆる活動を公正かつ適切に実施することを旨として，ドーピングの防止の重要性に対する国民の認識を深めるなど，スポーツに対する国民の幅広い理解及び支援が得られるよう推進されなければならない。

（国の責務）

第3条　国は，前条の基本理念（以下「基本理念」という。）にのっとり，スポーツに関する施策を総合的に策定し，及び実施する責務を有する。

（地方公共団体の責務）

第4条　地方公共団体は，基本理念にのっとり，スポーツに関する施策に関し，国との連携を図りつつ，自主的かつ主体的に，その地域の特性に応じた施策を策定し，及び実施する責務を有する。

（スポーツ団体の努力）

第5条　スポーツ団体は，スポーツの普及及び競技水準の向上に果たすべき重要な役割に鑑み，基本理念にのっとり，スポーツを行う者の権利利益の保護，心身の健康の保持増進及び安全の確保に配慮しつつ，スポーツの推進に主体的に取り組むよう努めるものとする。

2　スポーツ団体は，スポーツの振興のための事業を適正に行うため，その運営の透明性の確保を図るとともに，その事業活動に関し自らが遵守すべき基準を作成するよう努めるものとする。

3　スポーツ団体は，スポーツに関する紛争について，迅速かつ適正な解決に努めるものとする。

（国民の参加及び支援の促進）

第6条　国，地方公共団体及びスポーツ団体は，国民が健やかで明るく豊かな生活を享受することができるよう，スポーツに対する国民の関心と理解を深め，スポーツへの国民の参加及び支援を促進するよう努めなければならない。

（関係者相互の連携及び協働）

第7条　国，独立行政法人，地方公共団体，学校，スポーツ団体及び民間事業者その他の関係者は，基本理念の実現を図るため，相互に連携を図りながら協働するよう努めなければならない。

（法制上の措置等）

第8条　政府は，スポーツに関する施策を実施するため必要な法制上，財政上又は税制上の

措置その他の措置を講じなければならない。

第2章　スポーツ基本計画等

（スポーツ基本計画）
第9条　文部科学大臣は，スポーツに関する施策の総合的かつ計画的な推進を図るため，スポーツの推進に関する基本的な計画（以下「スポーツ基本計画」という。）を定めなければならない。

2　文部科学大臣は，スポーツ基本計画を定め，又はこれを変更しようとするときは，あらかじめ，審議会等（国家行政組織法（昭和23年法律第120号）第8条に規定する機関をいう。以下同じ。）で政令で定めるものの意見を聴かなければならない。

3　文部科学大臣は，スポーツ基本計画を定め，又はこれを変更しようとするときは，あらかじめ，関係行政機関の施策に係る事項について，第30条に規定するスポーツ推進会議において連絡調整を図るものとする。

（地方スポーツ推進計画）
第10条　都道府県及び市（特別区を含む。以下同じ。）町村の教育委員会（地方教育行政の組織及び運営に関する法律（昭和31年法律第162号）第24条の2第1項の条例の定めるところによりその長がスポーツに関する事務（学校における体育に関する事務を除く。）を管理し，及び執行することとされた地方公共団体（以下「特定地方公共団体」という。）にあっては，その長）は，スポーツ基本計画を参酌して，その地方の実情に即したスポーツの推進に関する計画（以下「地方スポーツ推進計画」という。）を定めるよう努めるものとする。

2　特定地方公共団体の長が地方スポーツ推進計画を定め，又はこれを変更しようとするときは，あらかじめ，当該特定地方公共団体の教育委員会の意見を聴かなければならない。

第3章　基本的施策

第1節　スポーツの推進のための基礎的条件の整備等
（指導者等の養成等）
第11条　国及び地方公共団体は，スポーツの指導者その他スポーツの推進に寄与する人材（以下「指導者等」という。）の養成及び資質の向上並びにその活用のため，系統的な養成システムの開発又は利用への支援，研究集会又は講習会（以下「研究集会等」という。）の開催その他の必要な施策を講ずるよう努めなければならない。

（スポーツ施設の整備等）
第12条　国及び地方公共団体は，国民が身近にスポーツに親しむことができるようにするとともに，競技水準の向上を図ることができるよう，スポーツ施設（スポーツの設備を含む。以下同じ。）の整備，利用者の需要に応じたスポーツ施設の運用の改善，スポーツ施設への指導者等の配置その他の必要な施策を講ずるよう努めなければならない。

2　前項の規定によりスポーツ施設を整備するに当たっては，当該スポーツ施設の利用の実態等に応じて，安全の確保を図るとともに，障害者等の利便性の向上を図るよう努めるものとする。

（学校施設の利用）
第13条　学校教育法（昭和22年法律第26号）第2条第2項に規定する国立学校及び公立学校の設置者は，その設置する学校の教育に支障のない限り，当該学校のスポーツ施設を一般のスポーツのための利用に供するよう努めなければならない。

2　国及び地方公共団体は，前項の利用を容易にさせるため，又はその利用上の利便性の向上を図るため，当該学校のスポーツ施設の改修，照明施設の設置その他の必要な施策を講ずるよう努めなければならない。

（スポーツ事故の防止等）
第14条　国及び地方公共団体は，スポーツ事故その他スポーツによって生じる外傷，障害等の防止及びこれらの軽減に資するため，指導者等の研修，スポーツ施設の整備，スポーツにおける心身の健康の保持増進及び安全の確保に関する知識（スポーツ用具の適切な使用に係る知識を含む。）の普及その他の必要な措置を講ずるよう努めなければならない。

（スポーツに関する紛争の迅速かつ適正な解決）
第15条　国は，スポーツに関する紛争の仲裁又は調停の中立性及び公正性が確保され，スポーツを行う者の権利利益の保護が図られるよう，スポーツに関する紛争の仲裁又は調停を行う機関への支援，仲裁人等の資質の向上，紛争解決手続についてのスポーツ団体の理解の増進その他のスポーツに関する紛争の迅速かつ適正な解決に資するために必要な施策を講ずるものとする。

（スポーツに関する科学的研究の推進等）

第16条　国は，医学，歯学，生理学，心理学，力学等のスポーツに関する諸科学を総合して実際的及び基礎的な研究を推進し，これらの研究の成果を活用してスポーツに関する施策の効果的な推進を図るものとする。この場合において，研究体制の整備，国，独立行政法人，大学，スポーツ団体，民間事業者等の間の連携の強化その他の必要な施策を講ずるものとする。

2　国は，我が国のスポーツの推進を図るため，スポーツの実施状況並びに競技水準の向上を図るための調査研究の成果及び取組の状況に関する情報その他のスポーツに関する国の内外の情報の収集，整理及び活用について必要な施策を講ずるものとする。

（学校における体育の充実）

第17条　国及び地方公共団体は，学校における体育が青少年の心身の健全な発達に資するものであり，かつ，スポーツに関する技能及び生涯にわたってスポーツに親しむ態度を養う上で重要な役割を果たすものであることに鑑み，体育に関する指導の充実，体育館，運動場，水泳プール，武道場その他のスポーツ施設の整備，体育に関する教員の資質の向上，地域におけるスポーツの指導者等の活用その他の必要な施策を講ずるよう努めなければならない。

（スポーツ産業の事業者との連携等）

第18条　国は，スポーツの普及又は競技水準の向上を図る上でスポーツ産業の事業者が果たす役割の重要性に鑑み，スポーツ団体とスポーツ産業の事業者との連携及び協力の促進その他の必要な施策を講ずるものとする。

（スポーツに係る国際的な交流及び貢献の推進）

第19条　国及び地方公共団体は，スポーツ選手及び指導者等の派遣及び招へい，スポーツに関する国際団体への人材の派遣，国際競技大会及び国際的な規模のスポーツの研究集会等の開催その他のスポーツに係る国際的な交流及び貢献を推進するために必要な施策を講ずることにより，我が国の競技水準の向上を図るよう努めるとともに，環境の保全に留意しつつ，国際相互理解の増進及び国際平和に寄与するよう努めなければならない。

（顕彰）

第20条　国及び地方公共団体は，スポーツの競技会において優秀な成績を収めた者及びスポーツの発展に寄与した者の顕彰に努めなければならない。

第2節　多様なスポーツの機会の確保のための環境の整備

（地域におけるスポーツの振興のための事業への支援等）

第21条　国及び地方公共団体は，国民がその興味又は関心に応じて身近にスポーツに親しむことができるよう，住民が主体的に運営するスポーツ団体（以下「地域スポーツクラブ」という。）が行う地域におけるスポーツの振興のための事業への支援，住民が安全かつ効果的にスポーツを行うための指導者等の配置，住民が快適にスポーツを行い相互に交流を深めることができるスポーツ施設の整備その他の必要な施策を講ずるよう努めなければならない。

（スポーツ行事の実施及び奨励）

第22条　地方公共団体は，広く住民が自主的かつ積極的に参加できるような運動会，競技会，体力テスト，スポーツ教室等のスポーツ行事を実施するよう努めるとともに，地域スポーツクラブその他の者がこれらの行事を実施するよう奨励に努めなければならない。

2　国は，地方公共団体に対し，前項の行事の実施に関し必要な援助を行うものとする。

（体育の日の行事）

第23条　国及び地方公共団体は，国民の祝日に関する法律（昭和23年法律第178号）第2条に規定する体育の日において，国民の間に広くスポーツについての関心と理解を深め，かつ，積極的にスポーツを行う意欲を高揚するような行事を実施するよう努めるとともに，広く国民があらゆる地域でそれぞれその生活の実情に即してスポーツを行うことができるような行事が実施されるよう，必要な施策を講じ，及び援助を行うよう努めなければならない。

（野外活動及びスポーツ・レクリエーション活動の普及奨励）

第24条　国及び地方公共団体は，心身の健全な発達，生きがいのある豊かな生活の実現等のために行われるハイキング，サイクリング，キャンプ活動その他の野外活動及びスポーツとして行われるレクリエーション活動（以下この条において「スポーツ・レクリエーション活動」という。）を普及奨励するため，野外活動又はスポーツ・レクリエーション活動に係るスポーツ施設の整備，住民の交流の場となる行事の実施その他の必要な施策を講ずるよう努めなければならない。

第3節　競技水準の向上等

（優秀なスポーツ選手の育成等）
第25条　国は，優秀なスポーツ選手を確保し，及び育成するため，スポーツ選手が行う合宿，国際競技大会又は全国的な規模のスポーツの競技会へのスポーツ選手及び指導者等の派遣，優れた資質を有する青少年に対する指導その他の活動への支援，スポーツ選手の競技技術の向上及びその効果の十分な発揮を図る上で必要な環境の整備その他の必要な施策を講ずるものとする。
2　国は，優秀なスポーツ選手及び指導者等が，生涯にわたりその有する能力を幅広く社会に生かすことができるよう，社会の各分野で活躍できる知識及び技能の習得に対する支援並びに活躍できる環境の整備の促進その他の必要な施策を講ずるものとする。

（国民体育大会及び全国障害者スポーツ大会）
第26条　国民体育大会は，公益財団法人日本体育協会（昭和2年8月8日に財団法人大日本体育協会という名称で設立された法人をいう。以下同じ。），国及び開催地の都道府県が共同して開催するものとし，これらの開催者が定める方法により選出された選手が参加して総合的に運動競技をするものとする。
2　全国障害者スポーツ大会は，財団法人日本障害者スポーツ協会（昭和40年5月24日に財団法人日本身体障害者スポーツ協会という名称で設立された法人をいう。以下同じ。），国及び開催地の都道府県が共同して開催するものとし，これらの開催者が定める方法により選出された選手が参加して総合的に運動競技をするものとする。
3　国は，国民体育大会及び全国障害者スポーツ大会の円滑な実施及び運営に資するため，これらの開催者である公益財団法人日本体育協会又は財団法人日本障害者スポーツ協会及び開催地の都道府県に対し，必要な援助を行うものとする。

（国際競技大会の招致又は開催の支援等）
第27条　国は，国際競技大会の我が国への招致又はその開催が円滑になされるよう，環境の保全に留意しつつ，そのための社会的気運の醸成，当該招致又は開催に必要な資金の確保，国際競技大会に参加する外国人の受入れ等に必要な特別の措置を講ずるものとする。
2　国は，公益財団法人日本オリンピック委員会（平成元年8月7日に財団法人日本オリンピック委員会という名称で設立された法人をいう。），財団法人日本障害者スポーツ協会そ

の他のスポーツ団体が行う国際的な規模のスポーツの振興のための事業に関し必要な措置を講ずるに当たっては，当該スポーツ団体との緊密な連絡を図るものとする。

（企業，大学等によるスポーツへの支援）
第28条　国は，スポーツの普及又は競技水準の向上を図る上で企業のスポーツチーム等が果たす役割の重要性に鑑み，企業，大学等によるスポーツへの支援に必要な施策を講ずるものとする。

（ドーピング防止活動の推進）
第29条　国は，スポーツにおけるドーピングの防止に関する国際規約に従ってドーピングの防止活動を実施するため，公益財団法人日本アンチ・ドーピング機構（平成13年9月16日に財団法人日本アンチ・ドーピング機構という名称で設立された法人をいう。）と連携を図りつつ，ドーピングの検査，ドーピングの防止に関する教育及び啓発その他のドーピングの防止活動の実施に係る体制の整備，国際的なドーピングの防止に関する機関等への支援その他の必要な施策を講ずるものとする。

第4章　スポーツの推進に係る体制の整備

（スポーツ推進会議）
第30条　政府は，スポーツに関する施策の総合的，一体的かつ効果的な推進を図るため，スポーツ推進会議を設け，文部科学省及び厚生労働省，経済産業省，国土交通省その他の関係行政機関相互の連絡調整を行うものとする。

（都道府県及び市町村のスポーツ推進審議会等）
第31条　都道府県及び市町村に，地方スポーツ推進計画その他のスポーツの推進に関する重要事項を調査審議させるため，条例で定めるところにより，審議会その他の合議制の機関（以下「スポーツ推進審議会等」という。）を置くことができる。

（スポーツ推進委員）
第32条　市町村の教育委員会（特定地方公共団体にあっては，その長）は，当該市町村におけるスポーツの推進に係る体制の整備を図るため，社会的信望があり，スポーツに関する深い関心と理解を有し，及び次項に規定する職務を行うのに必要な熱意と能力を有する者の中から，スポーツ推進委員を委嘱するものとする。
2　スポーツ推進委員は，当該市町村におけるスポーツの推進のため，教育委員会規則（特定

地方公共団体にあっては，地方公共団体の規則）の定めるところにより，スポーツの推進のための事業の実施に係る連絡調整並びに住民に対するスポーツの実技の指導その他スポーツに関する指導及び助言を行うものとする。

3　スポーツ推進委員は，非常勤とする。

第 5 章　国の補助等

（国の補助）

第 33 条　国は，地方公共団体に対し，予算の範囲内において，政令で定めるところにより，次に掲げる経費について，その一部を補助する。

一　国民体育大会及び全国障害者スポーツ大会の実施及び運営に要する経費であって，これらの開催地の都道府県において要するもの

二　その他スポーツの推進のために地方公共団体が行う事業に要する経費であって特に必要と認められるもの

2　国は，学校法人に対し，その設置する学校のスポーツ施設の整備に要する経費について，予算の範囲内において，その一部を補助することができる。この場合においては，私立学校振興助成法（昭和50年法律第61号）第11条から第13条までの規定の適用があるものと

する。

3　国は，スポーツ団体であってその行う事業が我が国のスポーツの振興に重要な意義を有すると認められるものに対し，当該事業に関し必要な経費について，予算の範囲内において，その一部を補助することができる。

（地方公共団体の補助）

第 34 条　地方公共団体は，スポーツ団体に対し，その行うスポーツの振興のための事業に関し必要な経費について，その一部を補助することができる。

（審議会等への諮問等）

第 35 条　国又は地方公共団体が第33条第三項又は前条の規定により社会教育関係団体（社会教育法（昭和24年法律第207号）第10条に規定する社会教育関係団体をいう。）であるスポーツ団体に対し補助金を交付しようとする場合には，あらかじめ，国にあっては文部科学大臣が第9条第2項の政令で定める審議会等の，地方公共団体にあっては教育委員会（特定地方公共団体におけるスポーツに関する事務（学校における体育に関する事務を除く。）に係る補助金の交付については，その長）がスポーツ推進審議会等その他の合議制の機関の意見を聴かなければならない。この意見を聴いた場合においては，同法第13条の規定による意見を聴くことを要しない。

生涯学習に関する年表

西暦年（年号）	日　本	国際社会
1965（昭和40）		ユネスコ成人教育推進国際委員会で，ポール・ラングランが『生涯教育』を提出
1968（昭和43）		ロバート・M・ハッチンスが『学習社会』を刊行
1970（昭和45）		イヴァン・イリイチが『脱学校の社会』を刊行 パウロ・フレイレが『被抑圧者の教育学』を刊行
1971（昭和46）	社会教育審議会「急激な社会構造の変化に対処する社会教育のあり方について（答申）」 中央教育審議会「今後における学校教育の総合的な拡充整備のための基本的施策について（答申）」	
1972（昭和47）		ユネスコ教育開発国際委員会が『未来の学習（原題：Learning to Be)』（フォール・レポート）を刊行
1973（昭和48）		OECDがリカレント教育を提唱。
1976（昭和51）		ユネスコ第19回総会で「成人教育の発展のための勧告」（ナイロビ勧告）を採択
1979（昭和54）		ローマクラブが『限界なき学習』を刊行
1981（昭和56）	中央教育審議会「生涯教育について（答申）」	
1983（昭和58）		エットーレ・ジェルピが『生涯教育―抑圧と解放の弁証法』を刊行
1985（昭和60）		第4回ユネスコ国際成人教育会議で「学習権宣言」を採択
1987（昭和62）	臨時教育審議会「教育改革に関する第四次答申（最終答申）」	
1988（昭和63）	文部省（現文部科学省）に生涯学習局を設置	
1990（平成2）	中央教育審議会「生涯学習の基盤整備について（答申）」 「生涯学習の振興のための施策の推進体制等の整備に関する法律」（通称「生涯学習振興法」）が成立	ユネスコ，ユニセフ，世界銀行，国連開発計画の主催で「万人のための教育（EFA）世界会議」を開催

	生涯学習審議会を設置（従来の社会教育審議会は，同審議会社会教育分科審議会となる）	
1992（平成4）	生涯学習審議会の初めての答申「今後の社会の動向に対応した生涯学習の振興方策について」	国連が国連環境開発会議（地球サミット）をリオデジャネイロで開催
1996（平成8）	生涯学習審議会「地域における生涯学習機会の充実方策について（答申）」	ユネスコ21世紀教育国際委員会が『学習：秘められた宝』（ドロール・レポート）を刊行 OECD教育大臣会議が「万人のための生涯学習」を提唱
1997（平成9）		第5回ユネスコ国際成人教育会議で「ハンブルグ宣言」を採択
1998（平成10）	生涯学習審議会「社会の変化に対応した今後の社会教育行政の在り方について（答申）」 「特定非営利活動促進法」が成立	
1999（平成11）	生涯学習審議会「学習の成果を幅広く生かす―生涯学習の成果を生かすための方策について―（答申）」 生涯学習審議会「生活体験・自然体験が日本の子どもの心をはぐくむ―「青少年の［生きる力］をはぐくむ地域社会の環境の充実方策について（答申）」」	G8サミットで「ケルン憲章：生涯学習の目的と希望」を採択
2000（平成12）	「地方分権の推進を図るための関係法律の整備等に関する法律」（略称「地方分権一括法」）の施行 生涯学習審議会「新しい情報通信技術を活用した生涯学習の推進方策について（答申）」	ユネスコ，ユニセフ，国連開発計画，国連人口基金，世界銀行の主催で「世界教育フォーラム」を開催し，「万人のための教育（EFA）」の推進に関する「ダカール行動枠組み」を採択 国連ミレニアム・サミットで「ミレニアム宣言」を採択
2001（平成13）	中央教育審議会の改組（従来の生涯学習審議会は，同審議会の生涯学習分科会となる）	
2002（平成14）	中央教育審議会「青少年の奉仕活動・体験活動の推進方策等について（答申）」	国連がヨハネスブルグで持続可能な開発に関する世界首脳会議を開催
2003（平成15）	地方自治法の改正（指定管理者制度の導入）	
2006（平成18）	教育基本法の改正	
2008（平成20）	中央教育審議会「新しい時代を切り拓く生涯学習の振興方策について～知の循環型社会の構築を目指して～（答申）」	

	教育基本法の改正を受けた「社会教育法,図書館法,博物館法」の改正 「第1期教育振興基本計画」が閣議決定	
2009 (平成21)		第6回ユネスコ国際成人教育会議で「行動のためのベレン・フレームワーク」を採択
2011 (平成23)	スポーツ基本法の施行 中央教育審議会「今後の学校におけるキャリア教育・職業教育の在り方について (答申)」	
2012 (平成24)		ユネスコ生涯学習研究所がグローバル学習都市ネットワーク事業 (GNLC) を開始
2013 (平成25)	中央教育審議会「生涯学習分科会における議論の整理」 「第2期教育振興基本計画」が閣議決定	OECD「国際成人力調査 (PIAAC)」結果公表 ユネスコが持続可能な開発のための教育 (ESD) に関する「グローバル・アクション・プログラム (GAP)」を採択
2014 (平成26)	「地方教育行政の組織及び運営に関する法律」改正 (教育委員会制度改革,施行は2015年4月)	
2015 (平成27)	中央教育審議会答申「新しい時代の教育や地方創生の実現に向けた学校と地域の連携・協働の在り方と今後の推進方策について」	国連が「国連持続可能な開発サミット」を開催し,「我々の世界を変革する:持続可能な開発のための2030アジェンダ (SDGs)」を採択 世界教育フォーラムが仁川宣言「2030年に向けた教育:包括的かつ公平な質の高い教育および万人のための生涯学習に向けて」を採択
2016 (平成28)	「次世代の学校・地域」創生プラン	
2017 (平成29)	「社会教育法」一部改正 (地域学校協働活動,地域学校協働活動推進員が規定)	
2018 (平成30)	「第3期の教育振興基本計画」が閣議決定	
2018 (平成30)	中央教育審議会答申「人口減少時代の新しい地域づくりに向けた社会教育の振興方策について」	

2019（令和元）	「地域の自主性及び自立性を高めるための改革の推進を図るための関係法律の整備に関する法律」の施行により，「地方教育行政の組織及び運営に関する法律，社会教育法，図書館法，博物館法」一部改正（地方公共団体の長が，公立社会教育機関の設置，管理及び廃止に関する事務を管理，執行することが可能となった）	ユネスコが「教育の未来（Futures of Education）」を発表

（注）国際社会欄の出版物の刊行年は原著のものであるため，本文中に紹介した翻訳本の刊行年と異なる場合がある。

索　　引

［著者紹介］

田中　雅文（たなか　まさふみ）

1954 年，兵庫県生まれ。東京工業大学大学院理工学研究科修士課程修了（社会工学専攻）。博士（学術）。三井情報開発(株)総合研究所，国立教育研究所（現国立教育政策研究所）を経て，2023 年 3 月まで，日本女子大学人間社会学部教授。現在，日本女子大学名誉教授。

主な著書：『現代生涯学習の展開』（単著，学文社，2003 年），『社会を創る市民大学―生涯学習の新たなフロンティア』（編著，玉川大学出版部，2000 年），『ボランティア活動とおとなの学び―自己と社会の循環的発展―』（単著，学文社，2011 年），『ボランティア活動をデザインする』（共編著，学文社，2013 年），『社会教育経営のフロンティア』（共編著，玉川大学出版部，2019 年），『生涯学習と地域づくりのハーモニー』（監修，学文社，2023 年）など

坂口　緑（さかぐち　みどり）

1968 年，東京都生まれ。東京大学大学院総合文化研究科博士課程単位取得退学（国際社会科学専攻）。2023 年，日本女子大学大学院人間社会研究科博士課程後期修了（教育学専攻）。博士（教育学）。明治学院大学社会学部専任講師を経て，現在，明治学院大学社会学部教授。

主な著書：『生涯学習の支援論』（共著，学文社，2003 年），『ポスト・リベラリズムの対抗軸』（共著，ナカニシヤ出版，2007 年），『コミュニタリアニズムのフロンティア』（共著，勁草書房，2012 年），『生涯学習と地域づくりのハーモニー』（共著，学文社，2023 年）など

柴田　彩千子（しばた　さちこ）

1974 年，岩手県生まれ。日本女子大学大学院人間社会研究科博士課程後期修了（教育学専攻）。博士（教育学）。日本女子大学人間社会学部専任助手，帝京大学文学部専任講師，帝京大学教育学部准教授を経て，現在，東京学芸大学総合教育科学系准教授。

主な論文・著書：『地域の教育力を育てる』（単著，学文社，2014 年），「学校を核とした地域づくりと社会教育の関係性における検討」（単著，『日本の社会教育』第 63 集，東洋館出版社，2019 年），「地域と学校をつなぐ人材に関する一考察」（単著，『日本生涯教育学会年報』第 43 号，2022 年），『生涯学習と地域づくりのハーモニー』（共編著，学文社，2023 年），「持続可能な地域社会をつくる子ども NPO の可能性」（単著，『学習社会研究』第 5 号，学事出版，2023 年）など

宮地　孝宜（みやち　たかよし）

1971 年，広島県生まれ。日本女子大学大学院人間社会研究科博士課程後期単位取得退学(教育学専攻)。東京都台東区教育委員会社会教育指導員，日本女子大学人間社会学部助教などを経て，現在，東京家政大学人文学部准教授。

主な著書：『学校教育制度概論』（共著，玉川大学出版部，2012 年），『ボランティア活動をデザインする』（共著，学文社，2013 年），『社会教育経営のフロンティア』（共著，玉川大学出版部，2019 年），『生涯学習と地域づくりのハーモニー』（共編著，学文社，2023 年）など

テキスト生涯学習
──学びがつむぐ新しい社会── ［新訂２版］

2008 年 4 月 1 日	第 1 版第 1 刷発行		
2009 年 3 月 10 日	第 2 版第 1 刷発行		
2012 年 3 月 10 日	第 2 版第 6 刷発行		
2013 年 3 月 15 日	第 3 版第 1 刷発行		
2014 年 3 月 10 日	第 3 版第 2 刷発行		
2015 年 2 月 25 日	新訂版第 1 刷発行		
2019 年 1 月 30 日	新訂版第 5 刷発行		田中　雅文
2020 年 4 月 1 日	新訂 2 版第 1 刷発行		坂口　　緑
2024 年 1 月 20 日	新訂 2 版第 5 刷発行	著　者	柴田　彩千子
			宮地　孝宜

発行者　田中　千津子　　　〒 153-0064　東京都目黒区下目黒 3-6-1
　　　　　　　　　　　　　電話　03（3715）1501 ㈹
　　　　　　株式　　　　　FAX　03（3715）2012
発行所　会社 学文社　　　https://www.gakubunsha.com

© Masafumi TANAKA 2008　　　　　　　　印刷所　新灯印刷

ISBN978-4-7620-2966-0